コミック版

1日30分間

0〜4歳 わが子の発達に合わせた「語りかけ」育児

サリー・ウォード✤著
一色美穂✤まんが
中川信子✤監修

小学館

はじめに

私は言語聴覚士なので、「子どものことばを育てたい、
でも、どういうふうにしたらいいのかわからない」という
お母さん、お父さんに多くお会いします。
そんなときは、「サリー・ウォードさんの『「語りかけ」育児』に
大切なことが全部書いてありますから、
時間があったら読んでくださいね」とお話しするのが常でした。
「厚い本ですが、ご自分のお子さんの月齢のところだけ読めばいいので、
そんなに大変ではないと思いますよ」とも。

とはいえ、子育て真っさいちゅうの方たちが、
本に向き合う時間を作り出すのはとてもむずかしいことです。
ですから、このたび、『「語りかけ」育児』が
読みやすいコミックになったことをとてもうれしく思います。

ことばは教えられて覚えるものではなく、
楽しい時間を過ごす中で、自然に身についていくものです。

大人が子どもの興味に注目し、子どもの気持ちに寄り添う。
たったそれだけのことで、楽しい「ことばの世界」が生まれます。
このコミックが笑顔あふれる親子の暮らしへの入り口になりますように。

監修者　中川信子（言語聴覚士）

「語りかけ育児」の五原則

「語りかけ育児」はとてもシンプル。特別な場所も道具も使いません。
つぎの五原則だけは気をつけて、子どもとの時間を楽しみましょう。

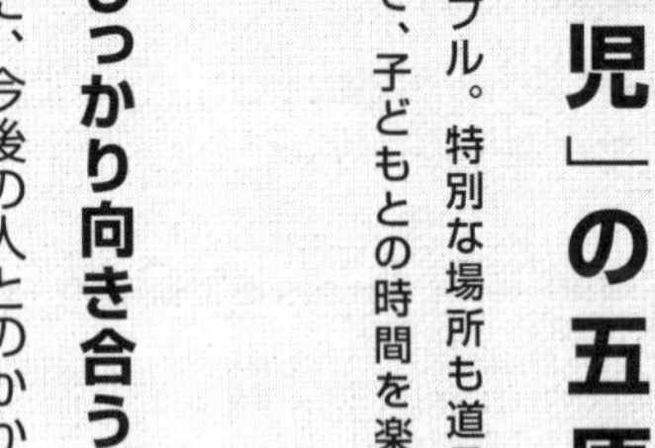

✤毎日30分間子どもと一対一でしっかり向き合う

ことばを学ぶ最適の場であるとともに、今後の人とのかかわり合いのための大切な基礎づくりの時間です。心を通わせる相手が毎日必ずいてくれることは、情緒面・行動面の発達にとても大切。とくに子どもがふたり以上いる場合、ひとりひとりが注目されたがっています。20分ずつでもいいので、それぞれの時間を作ってあげましょう。

✤まわりは静かに できるかぎり気を散らすものがないようにする

「聞く力」と「注意を向ける力」を育てるには、ひとりの大人の話しかけに耳を澄まし、ことばをはっきり聞く機会がたくさん必要です。テレビもビデオもラジオも音楽もオフにして、他の人が出入りするのもできるだけ避けましょう。

✤短い簡単な文で、ことばの間にゆっくり休みをいれて話しかける

ふたりで会話を楽しめるように、一方的に話しかけるのではなく、合間をあけて話しかけましょう。声は大きく高めにはっきりと。子どもの言いたいことを代わりに言ってやったり、話をふらませてあげてください。擬態語、擬声語、表情・仕草、くり返しや身ぶりもあわせ、会話や聞くことを楽しめるようにします。

✤子どもが主役

この時間の主役はあくまで子ども。大人の都合で、ものや動きに子どもの注意を無理に集中させようとしたり、ことばをくり返させたり、教え込もうとしたりしないこと。子どもの視線や意識を追い、子どもの興味に大人が合わせていきましょう。自分が注意しているものに、大人が合わせてくれると、「大好きな人が自分と同じものに本当に興味を持ってくれた」と子どもも喜びます。

✤否定は厳禁

「聞くこと・話すことは楽しい！」と感じてほしいので、この時間は「ダメ」は封印です。あらかじめさわられたくないものは片づけて、好きなように動けるようにしておきましょう。子どもの話し方、発音も直しません。答えさせるための質問や否定的な言い方も避けましょう。

この本の使い方

「語りかけ育児」は、もともと、イギリスの言語治療士、サリー・ウォードさんが発表した育児法です。子ども達の心と知能の発達に驚くべき効果も立証され、子どもの言語能力や知能を確実に伸ばす育児方法としてイギリスの政府が推奨を決定しました。親が自分にしっかり向き合ってくれる、という安心感を赤ちゃんに与えることで、赤ちゃんの意欲と自己肯定感を育てることができるため、親子の関係が良好になり、思春期の問題を未然に防ぐことができる、という面も指摘されています。

本書は、サリー・ウォードさんの著書『Baby Talk』を翻訳・日本向けにアレンジした育児書『0 ～ 4歳 わが子の発達に合わせた 1日30分間「語りかけ」育児』の語りかけの方法を中心に漫画化したものです。原本は、日本でも長年にわたり多くの読者に支持されてきました。各月齢の発育の様子やもっと詳しい遊び方についてお知りになりたい方は、ぜひ原本をご覧ください。

お子様の健やかな成長をお祈りしています。

2001年発行
A5判 418ページ
ISBN 4093112517

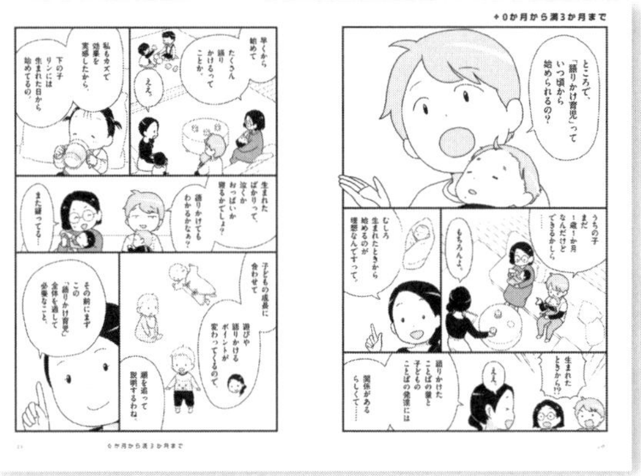

各月齢別の「語りかけ育児」のやり方が書いてあります。
お子さんの月齢に合わせてスタートしてください。
月齢は目安です。お子さんの成長ペースに合わないと感じたら、
前後の月齢も試してみてください。

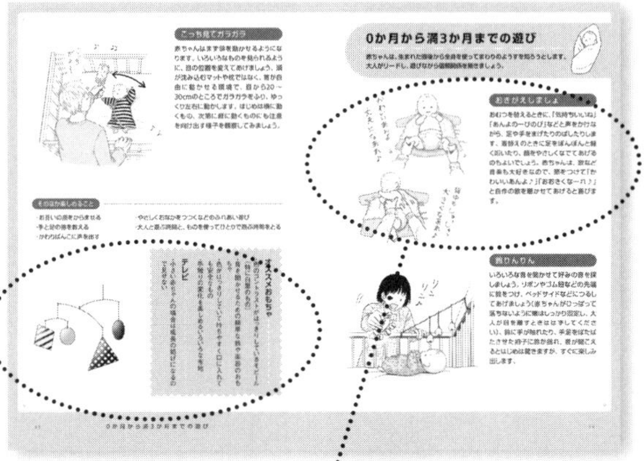

おすすめのおもちゃや絵本の種類が書かれています。テレビやビデオとのかかわり方についてもご参考にしてください。

各月齢ごとにおすすめの遊び方が書いてあります。お子さんとのふれあいのヒントにしてください。

ワイワイ
えーーん
えーーん
も～
どうしたの。
めいちゃん。
わーん
わーん
さっきまで
機嫌よかった
のに～。
あっ
二宮さん
こんにちは。
三田さん。
わーん
子育て
順調？
う～ん
どうかなぁ？

うちの子も1歳になって、できることも増えてきたけど、
まだなんで泣いてるのかわかんなくて困る時があるわ。
ねむかったのか
スヤ…
何が不満か言ってくれたら、助かるんだけどなぁ。
わかるわ〜。
うちは上の子が2歳になってだいぶことばも言えるようになったけど、
イヤイヤ期でげんなり。
今日も公園行くって聞かなくて……
ギャアアア
ちょっと、はるくんどうしたの。
ギャアアア
ぴんくのっ!
しゃべるいたいのっ!
何を言ってるんだ落ち着け。
しぃ

あーん
あーん
もう～どうしたのよケンカでもしたの？
ケンカじゃないよ。
その子がお砂場でピンクのシャベルを使おうとしたら、
お友達と頭をごっつんこしちゃったんだよ。
えっ……そうなの？
……ありがとう
いたかったね
いたかった
な……何あの子。
ああ、カズくん？
うちのお隣の一崎さんとこの子よ。
3歳半ぐらいよね。
あのぐらいになるとあんなにしっかり喋れるようになるんだ……

いやいや、カズくんは特別。
ホラ、あの子たちも3歳ぐらいだし、
ぼくのおもちゃ
わたちの
あの子にいたっては
カズくんより年上なのにあんな感じ。
っっ
あーんあーん
DNAよ。
カズくんママは外資系の会社に勤めてるし頭いいのよ。
鷹が鷹を生んだのよ
なんだやっぱ生まれつきいい子なのか…
ちょっと期待してしまったよ
そうそう
そんなことないのよ。

一崎さん！
うわさをすればカズくんママよ。
一崎さん、こちら三田さん。高校時代の友達なの。
初めまして。
どうも
実はカズも以前は落ち着きがなくて
私も困っていたのよ。
ええっ!?

ウソでしょ!? あの カズくんが!?
一体何が あったの!?
実はね……
ちょうどその頃 私、イギリスに 住んでいたんだけど
そこで話題に なっていた 「語りかけ育児」 っていうのを 実践してみたの。
語りかけ 育児……?
そう。
イギリスの 言語治療士、サリー・ウォードさん っていう人が
開発した 子育て方法 なんだけど、
Sally Ward

ことばやコミュニケーションの発達を促すもので、
IQ
語彙力
集中力
コミュニケーション力
実践すると語彙力《ごいりょく》、集中力に加えＩＱもアップして
さらに人なつっこくなると言われているの。
そんないいことずくめな……!
え～そんなウマイ話あるかな～
にわかに信じがたい。
疑い深いわね。
「語りかけ育児」は何人もの乳幼児に実践した研究データを基にしていて、
実際にハッキリと効果が出ているものなんですって。
そ……そうなんだ。
でもどうせ面倒なことするんでしょ?
そんなことないわ。

1日30分
子どもとふたりでお話しするだけなの。
え？それだけ？
そう。ちょっとしたコツを覚えれば誰にでもできるのよ。
へぇ～！ぜひやってみたいわ。
……
うちの子もカズくんみたいにしっかりする可能性が……
ゴクッ
詳しく教えてください！

CONTENTS

登場人物

✤ダイスケさん
✤ももかちゃん

ダイスケファミリー

ダイスケさんはまちこさんの弟。
IT企業勤務。教育パパ。

✤じゅんさん
✤まちこさん
✤めいちゃん

二宮《にのみや》ファミリー

まちこさんとじゅんさんは
同じメーカー会社勤務。
ちなつさんとは高校の同級生。

✤ゆりえさん
✤カズくん
✤リンちゃん

一崎《いちさき》ファミリー

ゆりえさんは外資系コンサルタント会社勤務。
二宮さんとはお隣同士。
イギリス在留経験あり。

✤ちなつさん
✤あきくん
✤はるくん

三田《みた》ファミリー

WEBデザイナーのちなつさん
は自宅で仕事をしている。

コミック版

0～4歳 1日30分間 わが子の発達に合わせた「語りかけ」育児

ところで、「語りかけ育児」っていつ頃から始められるの？
うちの子まだ1歳1か月なんだけどできるかしら……
もちろんよ。
むしろ生まれたときから始めるのが理想なんですって。
生まれたときから!?
ええ。
語りかけたことばの量と子どものことばの発達には関係があるらしくて……

早くから始めて たくさん語りかけるってことか。
ええ。
私もカズで効果を実感したから、 下の子リンには生まれた日から始めてるの。
生まれたばかりって、泣くかおっぱいか寝るかでしょ？ 語りかけてもわかるかなぁ？
また疑ってる…
子どもの成長に合わせて 遊びや語りかけるポイントが変わってくるので、
順を追って説明するわね。
その前にまずこの「語りかけ育児」全体を通して必要なこと。

それは
1日30分
赤ちゃんとふたりっきりになれる時間を作ること。
そしてその30分の間、テレビもラジオも音楽も消して、
静かな環境にする
…ってこと。
え、どうして？
音楽とかあったほうが子ども喜ぶよね。
この「語りかけ育児」は「ことばを聞く」能力を育てるものなの。

赤ちゃんは大人と違って音の違いを聞き分けるのにすごく集中力が必要だから、
ことばを聞きやすいようにまわりは静かな方がいいとされているわ。
大人で言ったら工事現場の前で話しかけられてるみたいなものよ。
そりゃ静かな方がいいわ。
では、まずは0から3か月の赤ちゃんへの語りかけ方を具体的に紹介するわね。
ポイントは8つ。
① なんでも語りかける。
② 赤ちゃん向けの特別な言い方で話しかける。
③ 短く簡単な文で。
④ 声の高さは普段大人に話しかけるより少し高めに。
⑤ ゆっくり、単語や文の間に休みを入れる。
⑥・⑦・⑧は次のページへ

⑥くり返しを多くする。
おててにおゆび
いっぽんいっぽんもういっぽん
⑦赤ちゃんとしっかり向き合う。
赤ちゃんに触れながら語りかけるといいわね。
⑧語呂のよい言い回しを使う。
だ〜れがかわいい？リンちゃん
そうリンちゃん
リンちゃんがか〜わいい
リズムや声の大きさ、調子を大げさにしてみたり、
リンの反応を確かめながら動きや表情を色々変えてみたら、
ちゃんと敏感に反応したわ。
へぇえ〜！意外と通じてるんだ。

確かに生後2か月ぐらいからうちのめいも笑ったり声を出したり
ちょっと反応するようになってたかも。
それまでは宇宙人…
反応するようになったらまだ話しかけやすいよね。
そう、その頃には声や表情がはっきりしてくるから、
赤ちゃんが「あー」と言ったら「あー」と返したり、首を振ればこちらも振ってみたり。
あー
あー
微笑《ほほえ》んだら笑い返してみたり。
ニッコリ
ニッコリ
声や動きに合わせて反応を返してあげる。
すると「会話」みたいなものが始められるの。
確かにコミュニケーションの基本よね。
そしてさらに、泣いてるときは…

おなかがすいたのね。ミルクあげましょう。
とか、
お尻気持ち悪いね、おむつ替えましょう。
とか、
出す音、しぐさ、表情で言おうとしてることにどんどん答えてあげるの。
そうすると赤ちゃんは、声を出すと願いが叶うことがわかり、本当にしてほしいことを伝えるようになるんですって。
ふぇっ
ふぇっ
ねー
確かに声で伝えるって会話の土台だものね。
私、おむつ無言で替えてたわ。
サッ
サッ
サッ
三田さんめっちゃ手際いいよね。

泣いてるときかぁ。
私いつも「どうしたの〜?」「なんで泣いてるの〜?」って言ってたなぁ。
わかるわ
この話しかけ方って効果あるのかな?
そういう、返事を期待せず親の気持ちを表現してるような質問はいいみたいよ。
おりこうさんにしてるかな?とかね
そうなんだ。
それにしても赤ちゃん用のことばを高めの声で…か。
助産師さんがそんな感じの話し方してたわね。
ママよ〜 おっぱいよ〜
おいしいねぇ うんうん いい子ねぇ
うちの親もそうだわ。
みんなが使うのにはわけがあるってことか……。
実はちょっと苦手なのよね…照れちゃって。
わかるわ…
一崎さんも!?

新生児のうちは反応もないし
ずっと優しい声で話しかけ続けるのって初めは照れるわよね…
でもね、
気持ちは声によってハッキリ伝わるから、たとえ相手が小さな赤ちゃんでも、語りかけることで
「あなたにいつでも答えてあげるわよ」
「かけがえのない存在よ」
……ってことが伝わって、
赤ちゃんの意欲と自己肯定感を育てることができるんですって。
心の健康
親子の絆
親子の関係も良好になるから、思春期の問題を未然に防ぐことができるらしいわよ。

そうなんだ…意外と伝わるものなのね。
テレてる場合じゃないわ
そうして満3か月になったら、
・赤ちゃんの出す音をたくさんまねる
・赤ちゃんにいっぱい歌ってあげる
この2つに気をつけて。
歌いいかも。
えっ二宮さん歌うの？
だってさ、話しかけるのってネタ切れするじゃん？
その点歌っちゃえば考えなくてすむし楽じゃん。
さすがね。
ちなみにどんな歌がいいの？
やっぱり童謡？
私もそう思ったんだけど、
お母さんが知ってて楽しめる歌ならなんでもいいんですって。

同じ歌をくり返すのもOK。
私はキ●プリの歌をずっと歌っていたわ。
アイドル好きなんだ。
自分も楽しめるって大事かもね。
そう、この時間は一緒に楽しんだ方がずっといいのよ。
ところで一崎さん…
英語で語りかけとかしたりするの？
なにを突然。
いやほら……
ENGLISH

一崎さんペラペラだし
英語を教えるなら早いうちからってよく言うし…
KIDS ENGLISH
意外と教育熱心なんだ……
私が中学でつまづいたからさ～……
今の時代必要でしょ？英語…
実は私も最初そう思ったわ。
両方のことばで話しかけて、
日本語も英語も話せるバイリンガルに……！って。
でも
「語りかけ育児」は子どもへのじょうずな語りかけが重要
なんですって。

それには母国語が一番適しているのよね。
※もし父親と母親の母国語が違ったら、別々のふたりきりの時間にそれぞれの母国語で赤ちゃんに話しかけるようにしましょう。
ひとつの文に両方のことばをかなり混ぜ合わせたり、
親の母国語でないことばで話しかけるのは、子どもがかえって混乱するらしいわ。
こんにちは
?
アニョハセヨ
?
ハロー
?
ニーハオ
ボンジュール
まあぎこちなくなりそうだしね。
そうなのよね。
へ……へえ～……
めいちゃんっママとtogetherして公園へgoするよっ
うわ…カタコトの英語でごちゃ混ぜに話して教えようとしてた…今すぐやめよ。

「語りかけ育児」の時間以外には

やってることやできごとについて実況中継する。
じゃがいもをむいてるのよ
お鍋にひとつ
もうひとつ
急がなくっちゃ
おなかがペコペコになっちゃうわ
ひとつの音に集中しやすいよう、まわりの音を減らす。
気が向いたときに好きな歌を歌う。
短い文を使い、くり返しを多くする。

独《ひと》り言が増えそうね。
まずはお父さんお母さんも楽しんでね。

0か月から満3か月までの遊び

赤ちゃんは、生まれた直後から全身を使ってまわりのようすを知ろうとします。
大人がリードし、遊びながら信頼関係を築きましょう。

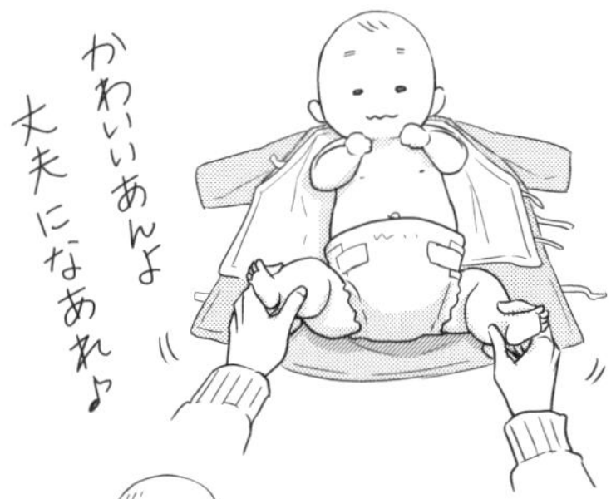
かわいいあんよ
丈夫になあれ♪

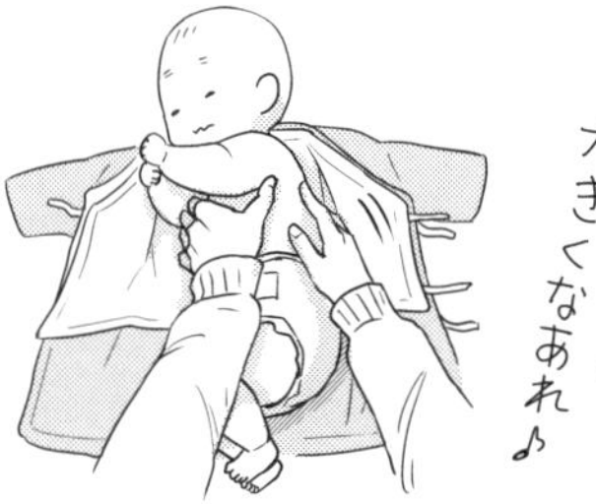
背中もしゅっしゅっ
大きくなあれ♪

おきがえしましょ

おむつを替えるときに、「気持ちいいね」「あんよの一びのび」などと声をかけながら、足や手をまげたりのばしたりします。着替えのときに足をぽんぽんと軽く叩いたり、顔をやさしくなでてあげたりするのもよいでしょう。赤ちゃんは、歌など音楽も大好きなので、節をつけて「かわいいあんよ♪」「おおきくなーれ♪」と自作の歌を聴かせてあげると喜びます。

リンリン♪

鈴りんりん

いろいろな音を聞かせて、好みの音を探しましょう。リボンやゴム紐などの先端に鈴をつけ、ベッドサイドなどにつるしてあげます(赤ちゃんがひっぱって落ちないように端はしっかり固定し、大人が目を離すときははずしてください)。鈴に手が触れたり、手足をばたばたさせたりした拍子に鈴が揺れ、音が聞こえると、はじめは驚きますが、すぐに楽しみ出すでしょう。

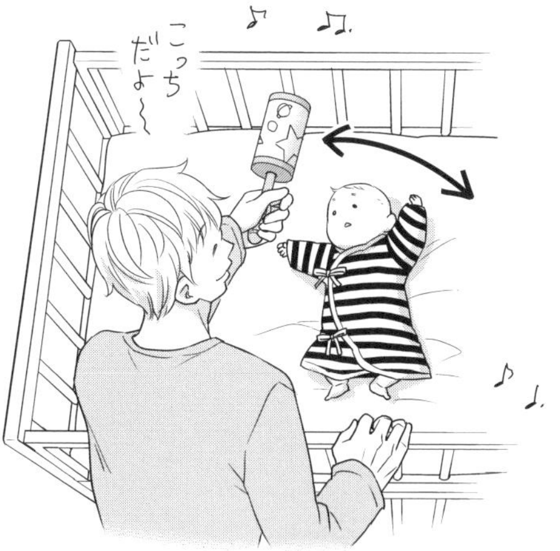

こっち見てガラガラ

赤ちゃんはまず頭を動かせるようになります。いろいろなものを見られるように、目の位置を変えてあげましょう。頭が沈み込むマットや枕ではなく、首が自由に動かせる環境に寝かせて、目から20 ～ 30cmのところでガラガラをふり、ゆっくり左右に動かします。はじめは横に動くもの、次第に縦に動くものにも注意を向け出します。赤ちゃんの様子を観察してみましょう。

そのほか楽しめること

・お互いの指をからませる
・手と足の指を数える
・かわりばんこに声を出す
・やさしくおなかをつつくなどのふれあい遊び
・大人と遊ぶ時間と、ものを使ってひとりで遊ぶ時間をとる

オススメおもちゃ

・色のコントラストがはっきりしているモビール（特に白黒のもの）
・音を聞かせるための簡単な鈴や楽器のおもちゃ
・色がはっきりしていて持ちやすく、口に入れても安全なもの
・手触りの変化を楽しめる、いろいろな布地

テレビ

・小さい赤ちゃんの場合は、成長の妨げになるので見せない

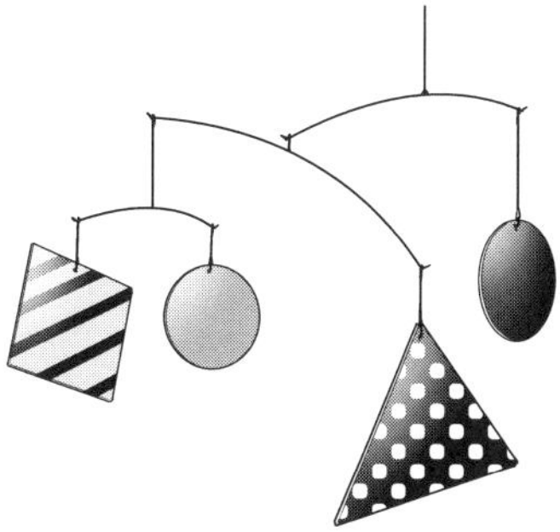

3か月になれば、生活リズムも整って、30分の時間を取りやすくなりそうね。
え〜うち半年ぐらいずっと夜泣きしてたんだけど。
今もしてるかも
まじか……お疲れ様。
いろんな子がいるわよね。
無理のないペースで30分、ふたりきりの時間が取れるといいわね。
そしてそれは静かな環境であること。
テレビもラジオも
音楽もなし
これが基本なんだね。
このころのポイントをご紹介するわね。

①赤ちゃんが注意を向けているものについて話す。
②注意を無理やり引きつけようとしない。
③赤ちゃんのまねをする。
④擬声語や擬態語をもりこむ。
⑤短く簡単な文でくり返す。
⑥間をとる。
0から3か月のときと同じものもあればちょっと発展してるのもあるのね。
4か月過ぎると結構動けるようになって、まわりを見たりするでしょう?
ゴロンッ
一対一の遊びから、おもちゃやまわりの物を使った遊びもできるようになるわよね。
なのであらかじめ喜びそうなものをたくさん用意しておくの。
そして抱っこしたりベビーチェアに座らせたりして近くでお話ししてみて。
口の動きがよく見えるようにね

赤ちゃんがこちらを見たら一対一の遊びを。
例えば「いないいないばぁ」。
いない
いない
ば〜〜っ
定番ね！
くすぐりゲームをしたり
手足の指を数えてみたり…
ひと〜っ
ふた〜つ
ふれあいながら遊ぶといいわね。
わらべ歌や手遊び歌もいいわ。
何度も歌ってあげてね。
とんとん
とんとん
ひげじ〜さん
懐かしい！
6か月にはお互いに手を打ち合わせるような遊びも楽しんでね。
せっせっ
せーの
よい
よい
よい
そして赤ちゃんがこちらじゃなく、他のものを見たら…
チラッ

うさぎさんよ〜
見たものを赤ちゃんに渡し、名前やピッタリした音を添えてね。
そこで親が気をつけたいのが
興味をなくしたらやめること。
他のものを見たらすぐそれを取り入れること。
あひるさんよ〜
赤ちゃんの視線の動きに注目して合わせるのね。
主役は赤ちゃんってことか。
そうなの。

こちらが特定のものや動きに注意を集中し続けるよう赤ちゃんに強制すると、
逆に集中力が育たなくなっちゃうんですって！
ええっ!?
そのとき注意を向けてた赤ちゃんの集中力を
ダメにしちゃうのよ。
そ…そうなんだ…
私めっちゃやってたかも。
こっちだぞ
こっち
ホレホレ
かえるだぞ
じっ
集中っ
まあ、短くいろんなものに注意を向けてくれた方が助かるよね。
と言いますと？
遊ぼうとしても私、すぐ言うことなくなっちゃって。
うさぎさんだよ
うさぎさん……
うさ……

そんなときは
擬声語や擬態語を
ふんだんに使うといいわよ。
擬声語や擬態語…？
そう。
うさぎさんよ〜
ピョンピョーン
ねこさんよ
にゃー
にゃー
ボールがころがった
コロコロコロ〜
とかね。
一対一のときも使えるわね。
こちょこちょこちょー
キャキャ
その通り。
たかいたかいとか、
たかいたかい
動作をくり返しのことばにするのもグッドよ。

赤ちゃんが出す音を
なんでもこまめに返してあげるのもいいわ。
「ウー」と言ったら「ウウー」
「アイアイ」と言ったら「アイアイアイ」
この頃は※喃語《なんご》も出るし間がもちそうね。
たまにまね不可能な言語を発するときもあるよね。
○□※ばぶ
わかる
ばぶ
そういうときは最後の音だけでもいいの。
どこか一つの音でもいいからまねしてあげて。
それでいいんだ。
うちの夫…
この頃めいがパとパを続けて発しただけで
パ…パ…
パパ?
いつまでやってんのよ
そう
パパ
パパ
パパ
パパって言ったってはしゃいで何度もまねしてたわ。

※喃語…赤ちゃんが発する２つ以上の音を含む声

それはとても
いいことよ。
音を返すのは
赤ちゃんが
いちばん
注意を集中
しやすいし、
喜んで
くれるから
親ももっと
やりたくなる。
このやりとりが
「会話」の
ベースになるの。
それに、
赤ちゃんと
同じ音を聞かせて
あげることで、
赤ちゃんに
自分自身の
出す音、
また唇と舌の
動かし方次第で
違う音が
出ることを
理解させやすく
なるの。
ぱ
ぶ
なるほどね。
マとマは
なかなか
続けて言って
くれなかった。

私の方が
めんどう見てる
のに—…

今呼んで
くれるんだから
いいじゃないさ。

それから、
話すときは
短い
簡単な文で、
ことばの間に
ゆっくり休みを
入れてみてね。

〇
お父さんよ 帰ってきたわ お父さんよ
✕
お父さんの 車の音が聞こえたわ もうすぐお帰りよ
この方が赤ちゃんの注意を引けて、意識を目覚めさせておけるそうよ。
そして赤ちゃんが「返事をする」間をとるの。
えっ返事なんかしないでしょ。
なんとなくでいいのよ。
5か月のときにちゃんと間をとっていると
1歳1か月になったとき、
集中力やことばの理解レベルが高まることが研究でわかってるのよ。
へ〜！
一方的に話さず間をとればいいのね。

「語りかけ育児」の時間以外には

3か月から満6か月までの遊び

ゆるやかに、赤ちゃんの生活のリズムが整ってきます。
大人が一対一でかかわる遊びに加え、目や手や口を使って物に触れる遊びが出てきます。

ひげじいさん

わらべ歌は、幼児期から子ども時代を通して、遊びの大切な一部です。ことばのリズムに興味を持っているので、リズミカルな動きをつけてやると喜びます。軽快な歌とリズムの「ひげじいさん」。最初は、赤ちゃんをひざにのせて親がうしろから手を動かしてあげるとよいでしょう。成長に合わせ、リズムやふりを変えたりして、長く楽しめる1曲です。

遊び方

❶とんとんとんとん

にぎりこぶしをつくり、上下交互にうちあわせる。
（以下とんとんとんとんは同じ）

❷ひげじい

❸さん

こぶしを重ねてあごの下に。

❹こぶじいさん

❶のあとに
こぶしをほおにあてる。

❺てんぐさん

❶のあとに、
こぶしを鼻の上に重ねる。

❻めがねさん

❶のあとに、
手でめがねをつくり目に重ねる。

❼てはうえに

❶のあとに
両手を上に上げる。

❽きらきらきらきら

手をひらひらさせながら下におろしていく。

❾てはおひざ

両手をひざにのせる。

いない、いない、ばぁ

大好きなごく単純なふれあい遊びの中でも、次に相手が何をやるのかと期待することがおもしろくなっていくこの時期、「いない、いない、ばぁ」は大のお気に入りになります。顔を隠している人がいつ顔を出すか、どきどきしながら待っています。「ばぁ」のタイミングや声の調子を変えて、赤ちゃんが注目しやすいように工夫しましょう。

こちょこちょ

赤ちゃんが自分のからだを意識し始める時期なので、手のひらや首元、脇の下、おなか、足の裏などを「こちょこちょ」とくすぐりましょう。5か月をすぎると、はしゃいで声をあげるようになります。さわられることで、体の部位の意識も発達します。もっと遊びたいときは、はっきり表現するようにもなるので、見過ごさず応えてあげましょう。

オススメおもちゃ

・ベビーカーにつけるおもちゃ。
・ガラガラ
・柔らかい立方体のもの(スポンジや布地のサイコロなど)
・柔らかいボール
・柔らかい布きれ
・簡単な鈴など、音を出すもの
・音の出るボール
・ぬいぐるみなど、柔らかくにぎりやすいもの

テレビ

・相手をしてくれる人がいちばん必要で、テレビやビデオの入る余地はありません

好奇心
ますますまわりのものに興味を持ち始める時期よ。
すぐ手の届くところにおもちゃやおもしろいものをたくさん準備しておいてね。
安全のため触ってほしくないものはできるだけ片付けておくこと。
ずりずり
わかる…この頃うちの子電気コードかじっちゃって超焦ったよ。
うちもやったわ
そして30分のふたりっきりの時間はテレビもラジオも音楽もなし。
静かな環境で行いましょう。

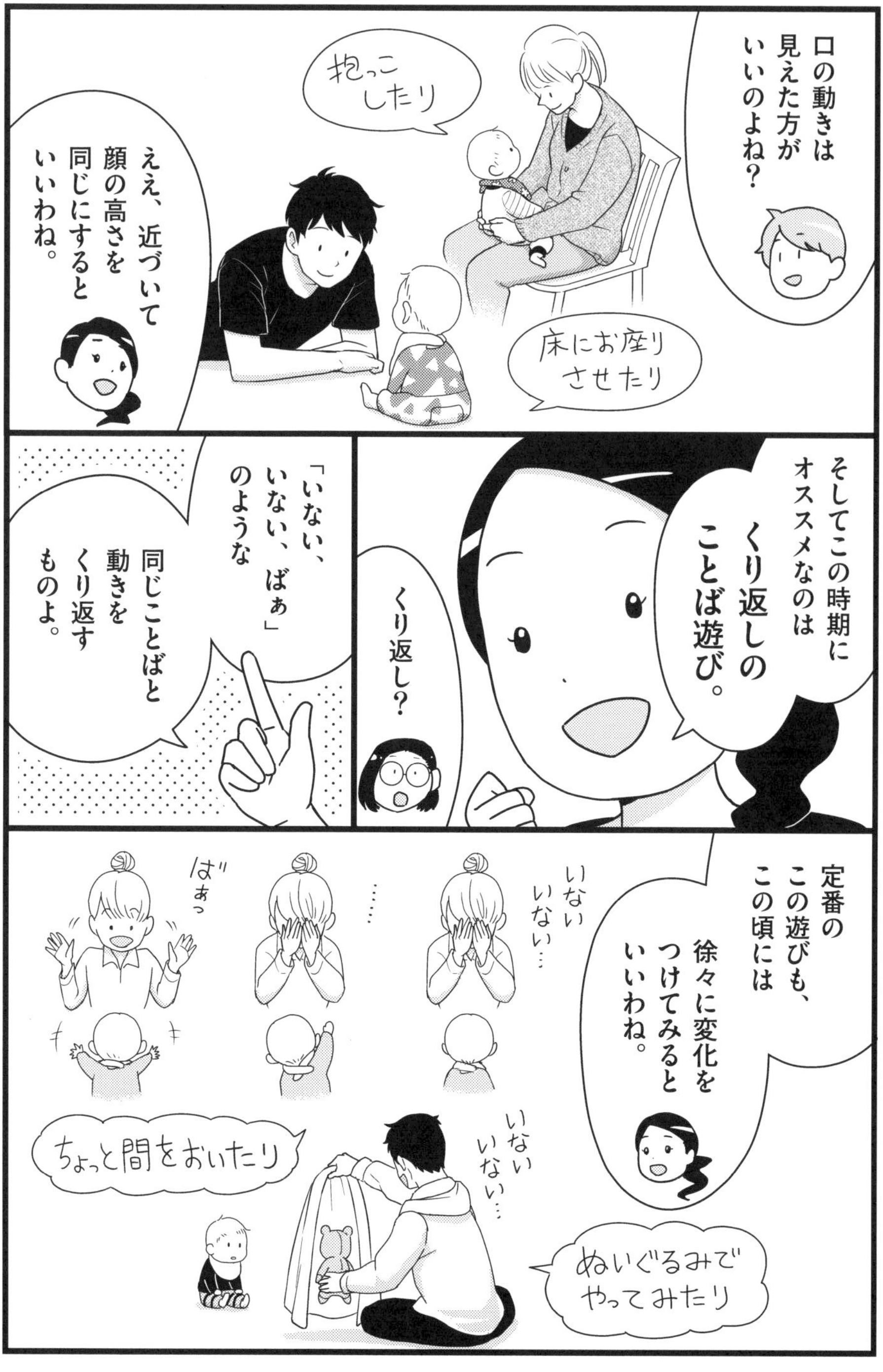
口の動きは見えた方がいいのよね？
抱っこしたり
床にお座りさせたり
ええ、近づいて顔の高さを同じにするといいわね。
そしてこの時期にオススメなのはくり返しのことば遊び。
くり返し？
「いない、いない、ばぁ」のような同じことばと動きをくり返すものよ。
定番のこの遊びも、この頃には徐々に変化をつけてみるといいわね。
いないいない…
……
ばぁっ
ちょっと間をおいたり
いないいない…
ぬいぐるみでやってみたり

くり返しのあるわらべ歌を歌うのもいいわ。
私、あまり曲を知らなくて勝手に作って歌ってたけど
それもよかったみたい。
リンちゃんリンちゃんかわいいな
自作もアリなんだ！
動作をくり返しのことばにするのもグッドよ。
ぎったんばっこん
ボンボンボーン
いつも同じことばと同じ動きをするようにしていると、
赤ちゃんはその遊びの名前を聞いただけで喜ぶようになるわ。
ボンボンボーンか…
擬声語や擬態語は前にも出てきたわね。
ええ。

この頃には
こんな感じで
チョロ
チョロ
ザー
ザー
ブーブー
ブーン
さらに積極的に
たくさん
使ってみて。
そうすることで、
音を聞くのは
楽しい!
という大事な
メッセージが
伝わるし、
音の違いに
気づくこと
ができたり、
ザー
チョロ
チョロ
音と音源を
結びつけたり
できるように
なるわ。
ザー
また、
注意を引き付けて
集中させる
ことにも
役に立つの。
へ〜!

そして
この時期は
赤ちゃんが
ことばを
わかろうと
している
ころよ。
ぶ～ば～
ぶーばー
今までと
同じように
赤ちゃんの
出す音を
まねて返すのに
加えて、
表情や
しぐさを
見て…
ふぐ…
表現しようと
していることを
ことばにして
あげてみて。
ぶえぇぇ～
あらあら
悲しいのね。
だっこ？
だっこして
ほしいのね。
これは「だっこ」
そうする
ことで
だんだん
ことばが
わかるように
なってくるのよ。
あれは「かなしい」

へー! ほんとにすぐしゃべれるようになっちゃいそうね。
そうなの!
でもそれで私、焦って失敗しちゃって……
ほらブーブよ
言ってごらん? ブーブ
ことばを言わせようとしちゃったのよね……
え…うそ私もよくやっちゃうかも。
ママって言ってみてー?とか…
それはすぐやめた方がいいわ。
まねさせたり言わせようとしたりするのは
この「語りかけ育児」では厳禁なの。
言わされることは子どもにとって
大きなストレスになるのよね。
まあ、大人でも正常なコミュニケーションではしないもんね。

苦いバイトの思い出
おはようございます！
はい くり返して！
お…
おは…
う……確かに。
子どもにとってストレスなく聞きやすい話しかけをするにはどうしたら…？
そんなに落ち込まなくても。
短く簡単な文章を、調子よく、ゆっくり、ことばの間に休みを入れるようにして話すといいわよ。
×
公園に行くのだから、くつをはいてコートを着なくちゃ。
ことばがたくさんつながりすぎ。
×
くつ。
自然ではない。文章より聞き取りにくい。
○
ほら、おくつよ。リンちゃんのおくつ。おくつをはこうね。
OK!

一方的にしゃべらないで、会話を楽しむつもりでね。
ゆっくり、間をとるのがポイントなのね。
ゆっくり話してくれる人って安心するもんなぁ。
甘いバイトの思い出
こうやるの
はい
焦っちゃダメなのね。
ええ。
ものの名前を言うときも焦って先に言わないように気をつけるといいわ。
赤ちゃんが何に注意を向けているかよーく見て、
タイミングよくその名前を言うと、赤ちゃんは聞くことができるのよ。
ボールだね
ボール

悪い例
ボールよ
ボール
赤ちゃんの注意力を高めるには、
親が赤ちゃんの注意の向く方向に合わせていくこと。
赤ちゃんや子どもに注意集中を強いることは、
「注意を向ける力」を台無しにし、
進歩を妨げることになるのよね。
うぇ〜
気をつけよ

「語りかけ育児」の時間以外には

赤ちゃんが注意しているものを見つけてたくさん話す。
ワンちゃんよ
走っているね
わんわん
トマトよ
それにレタスもね
自分のやっていることを実況中継する。

人や物と名前を結びつけようとしている時期。
まずは家族の名前とお気に入りのおもちゃの名前からスタートして、
物の名前をたくさん聞かせてあげてね。

6か月から満9か月までの遊び

何にでも興味を持ち、まわりの世界をわかってくる時期。
大人と一対一でかかわる遊びや、からだの動きをともなう遊びが大好きです。

ぎったんばっこん

首がすわった赤ちゃんとのふれあい遊びです。あおむけに寝ている赤ちゃんの両手を握って、上体をおこしたり元の姿勢に戻ったりするのをサポートします。頭も一緒についていかせようと、首やからだ全体に自然と力が入るため、やがて、寝返りやお座りをする力につながります。ぎゅっと引っ張らず、やさしく力を添えます。ゆっくりと行い、無理に続けないこと。

お馬パカパカ

赤ちゃんをひざに座らせて、からだをしっかり支えます。そのまま「お馬さんパカパカ」や「ゆ～らゆ～らお船」などと言いながら、からだを揺らしましょう。倒れそうになっても元の姿勢に戻ろうとして体幹が鍛えられます。赤ちゃんは、からだの動きと一体になった歌やことば遊びがお気に入りですし、同じ動きやことばをくり返すことも、大好きです。

変化形「いない、いない、ばぁ」

「いない、いない、ばぁ」のようなやりとり遊びは、まだまだ楽しめます。「ばぁ」と言う前にちょっと長めに間合いをとったり、ハンカチやおぼんなど、ものを使って隠れたり変化をつけてあげると大喜びします。遊びを通して「声を聞くのは楽しく、聞くといいことがある」と思うようになります。また、赤ちゃん自身も紙で顔を隠すなどして、遊び始めます。

そのほか楽しめること

・大人が赤ちゃんのまねをする
・ひざに座らせて、お母さんが歌う
・赤ちゃんに向けてボールをころがす
・おててパチパチ

オススメおもちゃ

・探索できるようないろいろな物（口に入れても安全な物）
・倒せるおもちゃ
・飛び出すおもちゃ
・回るガラガラ
・くるくる回るおもちゃ
・赤ちゃん用の鏡
・積み木と箱
・ビニールのボール
・音をたてるおもちゃ
・まわりに楽しめるものをたっぷり置いて、ひとり遊びの時間を堪能させる

本

・厚紙や布の本
・かんだり、たたいたりしてもよいもの

テレビ

・赤ちゃんは学ぶことがたくさんある時期。じゃまになるので見せない

まんま
ちょうど社会性が高まってやりとりができるようになってくる時期よ。
あきくん、今何か月だっけ？
9か月。
早生まれだから、
他の子と比べて、体も小さいし、心配が絶えなくて。
健診でくらべちゃう
うちのカズも3月生まれよ。
以前は語りかけ育児をしていなかったから、その頃はみんなよりことばも遅くて…
わたしも結構くよくよしたわ。
へー、カズくんも早生まれなんだ。

語りかけ育児は、何歳から始めても効果があるのね～
なんか安心するわ～！
ええ！なのでぜひ今日からでも始めてみてね。
ここでもまずは
1日30分、静かな場所で、
ふたりきりのおしゃべりタイム！
テレビもラジオもなしよっ
9か月から1歳はとくにことばと意味を結びつけていくための
手助けをするのに一番重要な時期なの。
聞きたい音を選び、聞きたくない音を無視できる能力を育むためにも、
周りを静かな環境にすることはとても大事なことよ。
？
？
？

初めてのことばが出るこの時期はとくに
どの音がどの単語に含まれているかを聞き分けられるよう、
赤ちゃんの近くで、はっきりしゃべってあげてね。
そこでオススメなのが親子のふれあい遊び。
こうやって、ことばと動作が一体になった遊びを何度もくり返ししていると
たかいたかい
たかいたかい
かたぐるま
かたぐるま
いっしょに歩こう
あるこう

赤ちゃんの頭の中で、
ことばと動きを結びつけて覚えられるようになるの。

ここでも一方的に話さず、「間」に気をつけて話してみて。
たかいたかいしようか
あぶー
…
そうたかいたかいだよ〜
相手が話すときは黙る。
会話の基本ルールだものね。

遊びはなるべく同じ方法でやるのが基本だけど、
ところどころで変化をつけてみて。
例えば…
いないいない…
……
……
ばあっ
長めに間をとる
いくよー
コロコロ～
あっ
まちがえたふりをする
ことばのくり返しのあるわらべ歌もたくさん歌ってあげてね。
くり返しが大切なのね。
そっか！
確かに、私たちも外国語を習うときは何度もくり返し聞いて覚えるもんね。

そう。だから、
短い文を使って、何度もものの名前を入れて言うのもとても効果的なのよ。
ワンちゃんがいる
かわいいワンちゃん
ワンちゃんおいで
ただことばを「覚える」というところから「理解する」ことができるようになるの。
なるほどね！
赤ちゃんが話した音をくり返してあげるのもいいわね。
ばぶば
ばぶば
唇や舌をどう動かすとどんな音が出てくるのかを理解しやすくなるわ。
遊びの音も効果的。
ひとつかふたつの音にしぼって聞かせ続けると、集中して聞いてくれるわよ。
音を聞く楽しさが伝わる♪
ブーブー
スイ〜
スイ〜
ドスン
擬声語や擬態語ね！

そして、なによりも重要なのは、
赤ちゃんが注意しているものに合わせること。
もっと小さいときからそれが大事って言ってたわね。
ええ!
ものやできごとへ大人が子どもといっしょに注意を向けることが、
ことばの学習には最適なの。
大人が選んだものの名前を教えるより、
これはくまよ
子どもが興味を持ったものの名前を教える方が、
これはくまよ
子どももよく理解してくれるのよ。
確かに興味のないもの強引に教えられてもね〜!
大人も同じね…

あきくん、おばちゃんとちょっと遊んでみようか。
えっ いいの？
おもちゃいっぱいいね。
ええ、興味のありそうなものを
あらかじめまわりに用意しておくといいわよ。
なんのタイヤ？
ちょこん
じーっ
それはくまちゃん。
落っこちた。

それは絵本よ。
がじがじ
絵本をかじっているのね。
ページをめくって…
じっ
車よ。
私はおばちゃん。
じっ
うさぎさんよ。
よろしくねっ
ピョーン
ピョーン
キャ
キャッ
あら、うちの子楽しそう。

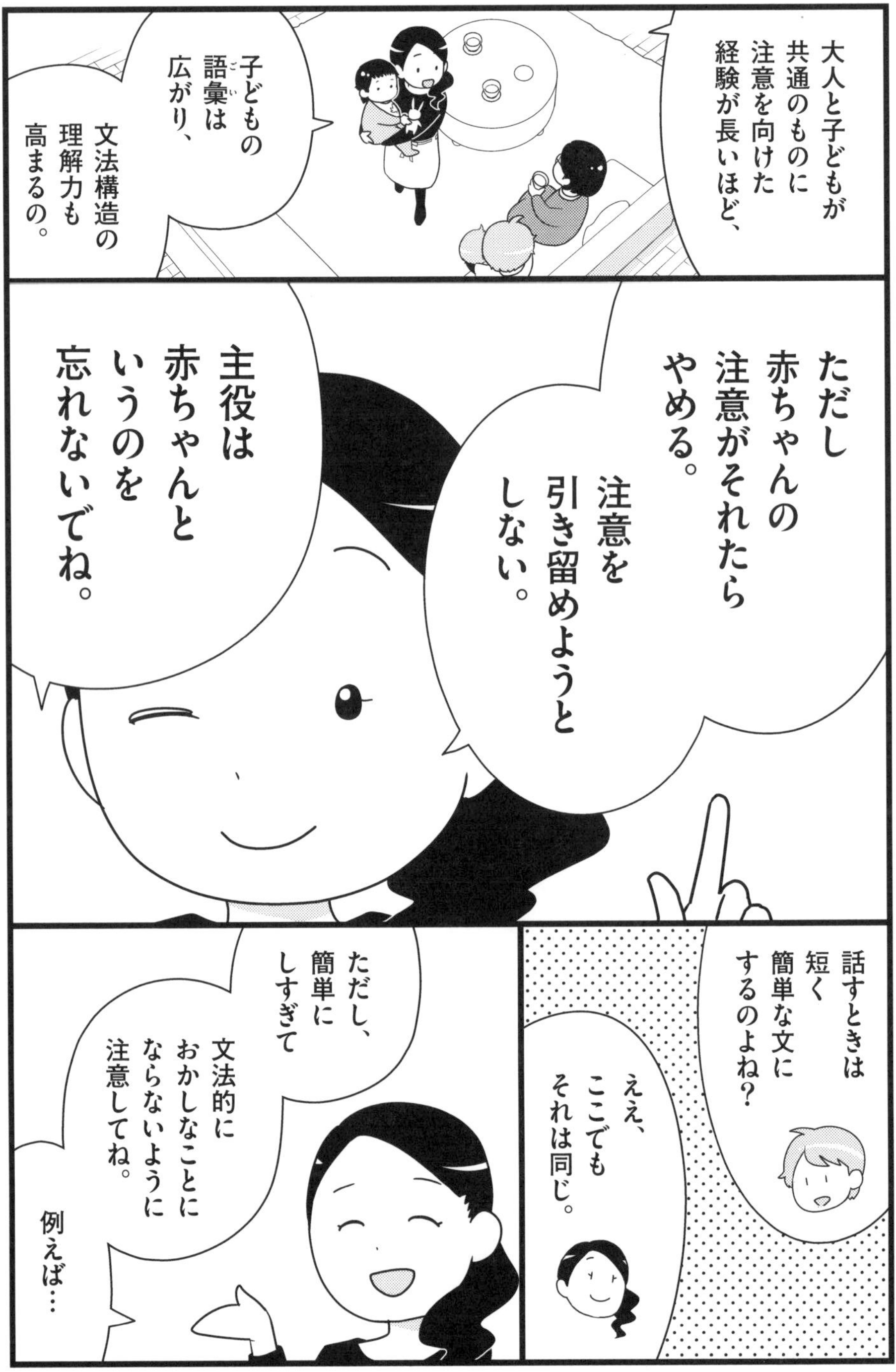
大人と子どもが共通のものに注意を向けた経験が長いほど、
子どもの語彙《ごい》は広がり、
文法構造の理解力も高まるの。
ただし赤ちゃんの注意がそれたらやめる。
注意を引き留めようとしない。
主役は赤ちゃんというのを忘れないでね。
話すときは短く簡単な文にするのよね？
ええ、ここでもそれは同じ。
ただし、簡単にしすぎて
文法的におかしなことにならないように注意してね。
例えば…

ワンちゃん、机。
ワンちゃんが机の上にいるわ。
ゆっくり切れ目を入れてはっきりと話してみてね。
それから、赤ちゃんが注意を集中しやすくするため、少しゆっくりした大きめの声で、
いろいろな調子・アクセントを付けて話すといいわよ。
少し高めの声で強調
ママが来ましたよ。
するとこの文で大事なのは「ママ」ということばだとわかるの。
※話し方は変にゆがませず、自然になるよう心がけましょう。
ものの名前を言いながら指をさしたり、身ぶりを使うのもとてもいい方法よ。

あとは、ものの名前をなるべく多く使うように気をつけるの。
それ、そこに置いて。
コップをテーブルに置きましょう。
代名詞を使いまくるとせっかくのものの名前を聞かせるチャンスが減っちゃうもんね。
ええ。その通りよ。
そしてここでも赤ちゃんにことばを言わせようとするのはやめてね。
これは？これは何？言ってごらん
何してるのかな～？
注意を引くための話し方による質問はOKよ！
なんだかできそうな気がしてきた！

「語りかけ育児」の時間以外には

9か月から1歳までの遊び

目と手の協調がすすみ、からだ、特に両手がうまく使えるようになります。遊びの種類が増えるので、適切なおもちゃも必要になります。

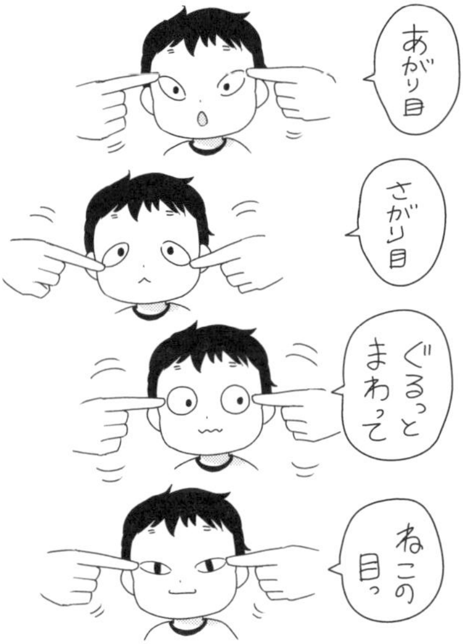
あがり目
さがり目
ぐるっと
まわって
ねこの
目っ

あがり目さがり目

わらべ歌は、この時期に最適の遊びです。特にからだの一部を使うなど、動きがついた歌は大好きです。歌に合わせて、つり目やたれ目など、変な顔になる楽しい遊びは、大人が自分の顔でやって見せたり、鏡を見せながら、赤ちゃんの顔でやってみせたりしてみましょう。自分で変な顔をして相手を笑わせようとするなど、積極的に遊びに加わるようになります。

いくよー

ボールコロコロ

順番に行うゲームも、お気に入りです。ものを手放すことがうまくなり、ボールがどっちのほうに転がるのかも、予想できるようになります。向かい合わせに座って、互いにボールを転がし受けとる遊びは、相手にちょうど届くように力加減を調整することで、手先の器用さを育てるのに役立ちます。わざと違うほうへ転がしてやるなど、変化をつけてやると喜びます。

段ボール遊び

既製品のおもちゃでなくても、この時期段ボールは、無限の可能性をひめた遊び道具になります。特に、自分が入れるような大きな箱には大喜びするでしょう。中に入ってびっくり箱のように飛び出したり、かくれんぼをしたり、段ボールを筒状にしたトンネルをくぐったり。お手本を見せれば、箱に積み木などのおもちゃを出し入れして遊ぶこともできます。

そのほか楽しめること

- かくれんぼや鬼ごっこ
- 簡単な穴あきボードに棒を刺す
- 広口コップを重ねる
- 本物のコップやヘアブラシでの遊び（使い方や役割を知る）
- 積み木を箱に出し入れする、箱をあけたりしめたりする遊び

オススメおもちゃ

〈物が何のためにあり、何ができるかをわからせるおもちゃ〉

- 柔らかい動物のぬいぐるみ
- 簡単な木製の乗り物
- 人形用の乳母車、ブラシとくし
- ままごと道具

〈手先の器用さを高めるおもちゃ〉

- 布製の積み木
- 積み重ねられる輪や広口コップ
- 大きな柔らかいボール
- クレヨンと紙
- 違うサイズの段ボール箱
- スプーン
- 軟らかいヘアブラシ、素材の違うスポンジなど

〈音をたてたり聞いたりすることはおもしろいと思わせるもの〉

- 太鼓、木琴、マラカス、カスタネット、鍋ぶたとスプーン

本

- 色のあざやかなカードや布の本
- 見慣れたコップやおもちゃなどを、実物そっくりに描いてある本

テレビ

- 赤ちゃんは学ぶことがたくさんあるので、まだ見せない

そんなにすごいのか、「語りかけ育児」って。
そうなのよ！でね、めいは1歳ちょっとすぎだから、
ものすごいスピードで、単語がわかるようになってきてる時期らしいわ。
確かに最近意図して言うようになったもんな。
パパ
ママ
ちゃー(茶)
ためしに今からやってみようぜ！
ストップストップ！

「語りかけ育児」は
1日30分、ふたりっきりで
向き合うのよ。
ようやく聞きたい音以外を無視する力が確立し始める大事な時期。
余計な音に邪魔されないよう、必ず
静かな環境
でね。
とはいえ、今日は特別にみんなでやってみようか。
やり方もおしえたいし
ちょっと散らかってないか?
いいのよ。
まだ長い時間、ひとつのものに注意していられないから
遊びの中でいろんなやりとりができるように、
違う種類の遊び道具を手が届くところに、用意しておくの。
えほん
そして顔の高さが同じくらいになるようにして……

コロコロコロコロ
それはボール。めいちゃんのボール。ボール転がったね～
めっちゃボール言うな～
英語の勉強と同じよ。
同じ単語が何度も出てくると覚えやすいじゃない？
だから、赤ちゃんが面白がっていたら、何度もそのものの名前をくり返し言ってあげるといいんだって。
これはシャツだよ
お父さんのシャツ
シャツをひろうよ
シャツがほしてあるね
名前を言いながら、指さしてあげると、混乱なく覚えてくれるらしいわ。
うさぎさんよ
なるほどな。よっしゃ、ちょっとやらせてみ。

キター
それ、くま、くまのぬいぐるみ。パパが出張に行ったときおみやげで買ってきたくまのぬいぐるみ！
ペラペラ
NOー！
ドンッ
なんでだよ！ものの名前を何度も言ったぞ！
出張とかおみやげとか複雑すぎるし長いわっ！
ゆっくり、赤ちゃんがことばをとり込む「間」もあげなきゃ。
この時期に話しかける文章が簡単なほど、
あとで子どもの表現する文の長さが長くなるって研究もあるらしいよ。
そうなの!?

それから文法的に正しくないのは基本×。
それ、くま。
それはくまだよ。
確かに英語も最初は正しい文法で教わった方が理解しやすいもんな。
のちのち
そして言語の規則がわかるように話し方を調整すること。
たとえば、大事な単語はアクセントをつけて、強めに言うとか。
これはう・さ・ぎよ〜
うさぎ
心持ち大きくゆっくりめに、声に調子をつけて。
それから、赤ちゃんが言ったことをくり返してあげるのも効果的。
ことばになってない音も?
ええ。赤ちゃんは自分の出した音と相手の出した音を聞き比べることができるの。

最後の音節をまねするだけでもOKなんだって。
あ●※△◎□ぶば
ぶ〜ば〜
音のやりとりだけでも「会話」してる感じになるわよね。
なるほどな。
ちゃー
はっ
やめてー!あぶない!さわっちゃだめ!!
NOー!!
なんでだよ!
ここでは「声を聞くことは楽しい」って思わせたいの。
だから、今みたいな否定的な話し方をしたり、
「これはなあに?」って子どもを質問攻めにしたり
無理やりことばを言わせたりするのは厳禁なのよ。
それとなくキケン物を遠ざける

ねー！めいちゃん。
まー
そう、ママよ～
ママって言ってごら～ん？
スリスリ
お前だって言わせようとしてるじゃないか。
しまった！気をつけます。
「聞くことは楽しい」と思わせる遊びをいくつか教わってきたよ。
おもちゃの中に音の出るものをとりいれる。
どこから音が出てくるのかを見せる。
部屋中をまわるときにも、物の音を聞かせる。
コッコッ
ブラインドを指ではじくのもGOOD！
わらべ歌手遊び歌
ばあっ
かくれんぼ「おててパチパチ」といったかわりばんこの遊びも続ける。

あとはあなたがやってる、飛行機のまねして「ブーン」とか、
歩きながら「どすんどすん」と音をつけるとか。
ブーン
いいんだ！
よっしゃ！じゃ、めいちゃん飛行機しようぜ！
Noー!!
またかよ
この時間の主役は赤ちゃんよ。
大人のやりたいことじゃなくて、
赤ちゃんの視線に合わせて赤ちゃんが見ているものについて話したときの方が、
ことばをずっと理解するらしいのよ。

親が赤ちゃんの注意しているものに気づき、同じものに注意することができればできるほど、
同じものに興味を持ってくれた
赤ちゃんのことばは豊かになり、文も複雑になるんだって。
うれしい
子どものやりたいことに大人がついていくんだな。
それはひよこだよ。ピヨピヨ。
ガッシャーーン
ガッシャーン！
ぜーんぶ落っこちたねー。
がっしゃん

「語りかけ育児」の時間以外には
実況放送。
雨が降りそうね
洗濯物とりこまなくちゃ
家族全員、赤ちゃんに話しかけるときには短い文にする。
それはタオル
フワフワだね
赤ちゃんが興味を持つ物やできごとを指さしてあげる。
タオルたたむよ
ゆーくんのタオル

いろんな音をきかせよう
ブ〜〜
それはちょっと…

1歳から1歳3か月までの遊び

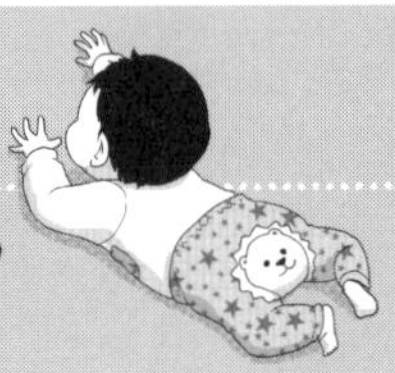

食べるふりや飲むふりなどの「ふり遊び」や、絵やものをなにかに見立てる「見立て遊び」が始まり、創造性、創造力が養われていきます。

電話遊び

かわりばんこのやりとり遊びとふり遊びを兼ねた、この時期にぴったりの遊びです。糸電話やホース、ラップの芯などを用いて、かわりばんこにやりとりしてみましょう。最初は親が赤ちゃんのまねをしてあげると、順番に遊べるようになります。また、こうした遊びは、知能の発達に欠かせません。大人が手本を見せることで、遊びは広がります。

パシャパシャ水遊び

「チョロチョロ」「ジャブジャブ」といった、たくさんのことばを教えられるのが、水遊び。暑い季節には、日陰にプールやたらいを用意して、寒い季節にはおふろで遊んでもいいでしょう。水やお湯の感覚を体感させます。また、水におもちゃを落としたり、コップで水をくんだりして、「浮く・沈む」「いっぱい・空っぽ」など、たくさんの概念を学ばせましょう。

まねっこ動物

この時期、わらべ歌や手遊び歌の中でも、とくに、赤ちゃんがよく知っているものや、人、動きが主題で、メロディも歌詞もよく知っている歌を楽しみます。「アイアイ」や「ぞうさんのあくび」など動物の歌に合わせて、頭に手を回したり、四つん這いになったり、鳴き声のまねをしたりして、その動物になりきり、「おもしろいね」などと笑い合うことで心の交流が生まれます。

そのほか楽しめること

・ペグ（短い棒）とハンマーのおもちゃ（たたくとひっこむという単純な原因と結果がわかる）
・本のページをめくり、絵をじっと見る
・音が出るおもちゃで遊ぶ
・バケツからかわりばんこに積み木を出し入れするなどのやりとり遊び

オススメおもちゃ

〈探索遊び用〉
・押せるおもちゃ
・引っぱるおもちゃ
・大きなクレヨン
・簡単な形合わせ
・ボートに乗った木の人形
・音を出すおもちゃ
・簡単なものを入れる箱
・ペグ（棒）とハンマーのおもちゃ

〈ふり遊び用〉
・おもちゃの電話
・大きな人形やクマのぬいぐるみ、付属品のベッドや服
・簡単な汽車
・おもちゃの飛行機
・おもちゃの料理器具
・ちりとりやほうきなど家庭用品のおもちゃ

本

・ひざに座らせ、ぴったり寄りそって本を見る
・よく知っているものがあざやかな色で描かれている絵
・本物の人や物の写真
・手ざわりの違いを楽しむ本
・押すと音の出る本

テレビ

・1日30分にとどめ、わらべ歌のビデオなどを、親子で一緒に見る。内容は赤ちゃんが知っているものにする

めいちゃん、そろそろ1歳4か月ね。「語りかけ育児」で何か変化はあったかしら?
ええ、一崎さんに教えてもらって3か月経つけど
おじゃまします
落ち着いたって言うか、安定してるのよね。
以前は時々なんでそんなことするのー!?ってことして
注意をひこうとしてたけど、それもなくなって。
大好きな大人がいつも自分を見守っていてくれるとわかったのね。

「語りかけ育児」は1日30分、静かな環境でふたりっきりで向き合うのが大事なの。
ええ、実感したわ。
今までごはんを作ったりとか片づけたりとか、何かしながら相手にしてばかりだったなって気づいたの。
きっと娘は「ちゃんとわたしのこと見て」って思ってたんだね。
親はやることいっぱいで忙しいものね。
二宮さんは協力的なパートナーのじゅんさんがいるから安心ね。
夫婦で協力して、この貴重な30分を1日のどこかでとれるといいわね。
安心かどうかは…
まっかせなさい。

ほら、めいちゃん！
見て！ これ何？
何色？
ボールだよー！
コロコロって
してみようか？
プイッ
ドン
だから
子どもが主役って
言ったじゃない。
親が質問したり、
指示しちゃうと、
どうしたら
いいかで悩んで
負担になるん
だから…
「語りかけ育児」は
何より、
子どもが今
何に関心を
向けているかを
見つけて、
それについて
話して
あげるのよ。
そうね、
その通り。
お父さんたちは
つい質問や
指示をしちゃい
がちなのよね。
ぐっと
我慢して、
子どもをよく
観察して
あげてね。
いやはや、
会社での
クセで…

おもしろそうなものに子どもの注意をひきつけることもできるけど、
それは「語りかけ育児」じゃない時間に試してみてね。
なるほど
私も、私の選んだおもちゃで息子がなかなか遊んでくれなくて
イライラして待ったこともあったわ。
ジャーン
新しいおもちゃよ〜!!
ポイポイ
えー!!? 入ってた箱にいくー!!?
一崎さんもそんなことが。
この時期の赤ちゃんは、まだまだ注意力が安定してないから、
長く集中してるときもあれば、あちこち飛ぶこともあるのよね。
話しても聞いてくれない場合は、注意がほかに向いているときよ。
その瞬間に考えてることにぴったりあってることを話しかければ、
ちゃんと聞いてくれるわ。

身ぶりや表情で考えていることを伝えてくるから、
自然にまかせいろんなものに注意を向けさせて、
よく観察してみてね。
例1
名前を知りたがっているのね。
それはカバよ。
例2
うーうー
何かやってほしいのかな。
ブーブをジャンプさせようか？
例3
？
何が起こったのか知りたいのね。
壊れちゃったのかしら？

おもちゃも多すぎて気が散る環境にならないよう
バランスを考えて置くといいわよ。
例えばどんなものを厳選すれば…？
探索遊びとふり遊びが
両立できるようなおもちゃがいいわね。
積み木やパズル
音を出すもの
数冊の本など
人形
なるほど。
遊べるスペースを十分に空けつつ、何がどこにあるか
赤ちゃんがすぐわかるような感じで配置してあげてね。
子どもが楽しく過ごすためにも、
否定的な言い回しはまだ避けた方が良さそうっすね。
『やめなさい』
『さわっちゃダメ』
ええ、その通りよ。

ことばを間違えたときも、否定せず「そうね」で始めて返してあげるの。
ナナ
そうね、バナナね。
ただ、言い直しすぎるとだんだん引っ込み思案になっちゃうこともあるみたいだから、
あれこれ言い過ぎないようにね。
私最近、めいの言いたいことがなんとなくわかって、
それを汲み取って言ってやることもできるようになってきたわ。
それは素晴らしいわ！
大人もことばに身ぶりを添えて、何を言っているかわかるようにするといいわね。
わー大きいね
大きなバナナね
気持ちをいっしょに楽しんでね。

ちゃ。
よーし！
パパがとってあげる。テーブルの上のめいちゃんがお気に入りのピンクのマグにはいった麦茶を…
だから長いんだってあなたの文は。
しまった。
そうね。伝えたいことがわかるように短文にするのは重要よね。
気をつけます…
そうやって何を指すかをはっきりさせれば、この時期の子どもは多いときで1日9語くらい覚えられるそうよ。
1日9語
そんなに!?
ええ、この時期はびっくりするくらい、どんどん知識を吸収するの。

知らないことばを使うなら、
知らないことばがひとつだけの短文にした方がいいわね。
それはバクよ。
長い文章を浴びせかけたせいで
発達が頭打ちになることもあるらしいから…
わかる……長文で喋ってるだけの先生が苦手で
英語ドロップアウトしたのよね私。
I am (sorry)
to say
それから正しい文法で話してね。
○ パパがとってあげる。
× とってあげるパパ。
それは気をつけてます!
ゆっくり大きな調子をつけて、くり返しをたくさん、
同じことばをいろいろな文中に使うのよね。
ええ。

ゾウさんがいるわ。
ゾウさんは大きいね。
大きなゾウさん。
名前を言う遊びは役立つので継続してね。
子どもも楽しんでくれるわ！
あとは、名詞をたくさん使ったり、
コップをテーブルに置きましょう。
それ、そこに置いて。
赤ちゃんの言ったことをくり返したり。
あぶぶばー
あぶぶばー
それから、今までもやっていたように、
遊びの音もどんどん増やしてね。
パシャパシャ
ジャブジャブジャーッ
ガーッ
ブルンブルン
モウモウモ〜

こういった擬声語や擬態語は、
聞くのが楽しい!。
注意を集中しやすい!。
会話の中の音に比べ、ひとつひとつの語音を聞く良い機会になる。
という利点があるわ。
「音を聞くのは楽しい」って思わせるのに、楽器もいいのよね。
私、最近手作りもしてみたのよ。
6Pチーズの箱で作ったでんでん太鼓
ビーズinペットボトル
クッキー缶で作ったたいこ
それはすてきね!
あとはわらべ歌も歌ってね。
わらべ歌のはっきりしたリズムとくり返しは
音節とことばの組み立て方をわからせるから
書き言葉にも役立つし、本好きになるとも言われてるのよ。
本好き!?
めいがどんどん賢くなってしまうね。

「語りかけ育児」の時間以外には
たくさん話しかける。
起こっていることについてなんでも話す。
絵本よみきかせ会
いろいろな活動に子どもを参加させる。
友人を訪ねたり公園や店に連れて行く。
お風呂なら体の部分、
着替えるときには服の名前遊びをやる。
シャツを脱いで
ソックス脱いで
ズボンを脱いで
「語りかけ育児」の30分間と同じようなやり方で話しかける。
この時期を自分のペースで過ごせた子どもは、
そのうち大人の指示に素早く従うようになるんですって。
わがままにはならないんだね

1歳4か月から1歳7か月までの遊び

遊びを通し、まわりの世界がどんなふうになっているのか、知識を増やします。
学習速度がとても速いので、おもちゃも遊びの場面も数多く用意することが大切。

積み木

手先が器用になり、積み木もそう簡単にはくずれないように積みます。下の積み木に触れないよう手の位置や力加減を調整しながら、注意深く積んでいくので、目と手を一緒に働かせる能力が育まれます。また、世界を立体的にとらえる助けにもなるでしょう。他の人にも見てもらいたがるので、上手に積めたら一緒に喜んであげましょう。

お絵描きグリグリ

手や腕の動かし方の幅が広がり、鉛筆やクレヨンを横だけでなく縦にも動かせるようになります。線や点を描くことは、概念形成にとても役立ちます。大人が描いた絵に色を塗らせたり、模造紙などの大きな紙を広げて、自由に絵を描かせたりしてみましょう。描いたものについて話すのも大好きなので、どんなものを描いたのか話しかけてみてください。

お世話遊び

やりとり遊びからふり遊びへと、遊びが進化します。お母さんや他の大人がやっていることを見て、自分でもやってみたがるのです。男の子も女の子も、小さな人形やぬいぐるみと遊ぶのが好きです。箱をベッドに見立てて人形をおき、布巾の布団をかけたり、トントン寝かせたりして、お世話を楽しみます。

そのほか楽しめること

・ピースをはめ込む簡単なジグソーパズル
・わらべ歌やことば遊びは、決まりきったくり返しではなく、ちょっと変えてあげると喜ぶ
・お互いに役割を交代する、かくれんぼやおにごっこ
・粘土をこねたり、たたいたりする

オススメおもちゃ

〈ふり遊び用〉
・お皿とおもちゃの食べ物
・掃除機など、生活用品のおもちゃ
・小さな人形
・人形の乳母車、ベッド用品、風呂、タオル
・おもちゃの乗り物

〈探索遊び用〉
・水に浮くもの、沈むもの、水遊び用の容器
・ごく簡単なジグソーパズル
・ねじるおもちゃ
・長さの違うペグ（棒）を刺せる穴あきボード
・粘土

本

・自由にページをめくれるようにして、見たいものを見たいだけ見せる
・質問攻めにしない
・生活の中で経験するような内容のものを選ぶ
・細かいところまで描いてある、色のはっきりしたわかりやすい絵を喜ぶ
・よく知っていることをやっている場面の絵がよい
・くり返しが出てくる話を好む

テレビ

・1日30分以上は見せない
・やりとりができるよう、必ず一緒に見る
・内容はファンタジーではなく、赤ちゃんが知っているものにする

「語りかけ育児」って2歳前からでも始められるんですよね!?
いつも押しかけちゃってごめんね、一崎さん。
これは弟のダイスケ。
初めまして。
こんにちは
姉から話を聞きまして、僕もぜひ伺いたくて。
うちは、今1歳10か月なんですが、
すごく引っ込み思案で無口で…
ほらももか、隠れてないで。

ももかちゃんって
いうのね。
こんにちは。
ももか、
「こんにちは」
「こんにちは」
は？
……
ちょっと
あちらのお部屋で
お話ししてきても
よいかしら？
あ、どうぞ。
子どもたち
みてるわよ
ありがとう。
ももかちゃん、
私といっしょに
あっちのお部屋に
行きましょうか？
ももかちゃん
あそぼ♫
あっちのお部屋で
遊びましょ♫

やっぱりしゃべんないんだよなぁ。
賢い子にしたくていろいろやらせてるんだけど。
げっ
すごい知育グッズ！ ももかはこれ楽しんでるの？
んーどうだろ。
どうだろってあんたね…
数分後
戻りました！
おかえり
ももかちゃん、今度はめいちゃんたちと遊んでてくれるかな？
ももかちゃんが無口なのは、引っ込み思案なんじゃなくて、
「しゃべらなくていいかな？」って思ってるのかも。
えっ…？

自分が話そうとしてるのに、パパが話してしまって
がっかりしてるんじゃないかしら。
しゃべらないのは僕のせいってことですか？
ふたりきりになって少ししたら慣れたのか、
うちの子のおもちゃで遊んだり、私とおしゃべりしたりしてくれたわ。
ことばもそんなに遅れている印象はなかったわよ。
何をおもしろいと思っているか、どんどん伝えてくれたし、
ことばでわからないときは、身ぶりで一生懸命わかってもらおうとしてくれて。
うちのももかが…!?
信じなよ娘を。

まずは 1日30分、
静かな環境で ふたりっきりの 時間を 作ってあげて。
その時間、ダイスケさんは 一切邪魔をせず、
遊びもことばも ももかちゃんが 楽しい！と 思えるように サポートするの。
子どもの やりたいことを 優先するって ことですか？
ええ。
この時間は 子どもがことばを 学べるだけでなく、
心の安定や 信頼感を 育てるために とても役立つのよ。
フムフム
ことばの発達と 心には 密接な関係が あるのよね。
これまで起きたことも 話せるように なってきてるから、
話をさえぎらず、 しっかり相手して あげてね。

ももかちゃん、そういえばこう言ってたわ。
うさぎ、ももか、えさあげた。みんなころぶ。
ああ、先週動物園へ行ったときのことだ。
うさぎにえさをあげようとして、ころんじゃったんですよね。
そんなふうに、子どもが話したことをふくらませて、
思い出しやすいように
少し付け加えて伝えてあげるといいわよ。
フム…
そうだね、ももかがうさぎにえさをあげたね。ころんだから、ももかのお母さんが起こしてあげたね。みんなで家に帰っておやつにしたね。
こんな感じですか？
カンペキだわ
飲み込みが早いわね。

そうやって話してあげれば、過去や未来の話し方を聞いて覚える機会になるわ。
確かに最近その日の夜みたいな近い未来のことも言うときがありますね。
同じ体験をベースにした会話が増えるにつれて、
子どもは会話の相手がどれほど「知っているか」を考えるようになるの。
たとえば、子どもとお母さんが、同じびっくり箱をおもしろいと思っていたとすると、
子どもは、「飛び出した」とだけ言えばお母さんは笑ってくれるけど、
そのおもちゃを見たことがない人にはたくさん説明しなきゃ！って思うようになるのよね。
相手のことも考えるのか。

この時期の子どもの会話は、時空も関心も急に変わることがあるわ。
そんなときはそれまでの会話を切り上げてひとつひとつに寄り添いながら話をしてね。
楽しいからと言って、親がそれまでの会話を続けようとしないこと。
この段階で、子どもが何かに熱中しているときに注意を変えさせようとすると、子どもの注意力はバラバラになっちゃうの。
命令や指示もしない方がいいのよね。
ええ、あくまでも子どもが主役の時間。
とはいえ、絵を描きたそうにしているときに「クレヨンをとっておいで」のような子どもの興味に合わせたものならOKよ。

そしてやっぱりオススメなのが「実況放送」。
「実況放送」？
子どもの興味に関連づけたことを言ってあげるの。
おおきな車ね。どんどん上がっていくね。
この坂道のてっぺんに着いた。
この方法は子どもも聞きやすくことばをとても吸収しやすいのよ。
大人は物事をおもしろくしてくれる存在だって思うようになるしね。
ももかの信頼を得てそんな大人になりたいですね。
それからダイスケって、ちょっと早口よね。
えっ、そう？
ももかがひとつひとつの単語の中にある語音をしっかりとらえるためにも、もう少し大きい声でゆっくりしゃべったら？
そうね。
いろんな調子の声で話すといいわね。

文と文の間にひと息入れて、親が言ったことを子どもが理解する
間を与えるのも大事よ。
会話のキャッチボールをするつもりで
初心者が突然スピードラーニングだけしても
わけがわかんないのといっしょだよ。
姉貴まだ英語諦めてなかったの？
この頃には言ったことをだいぶ理解してくれるようになるけど、
語りかけの時間は短い文を使い続けるようにしてあげてね。
天気がいーいわね あとで公園へ行こうね 砂遊びしましょ
天気がいーいからあとで公園へ行って砂遊びしましょ
大切な内容が3つ以内の文がいいと思うわ。
①あとで ②公園へ ③行こうね。
長くなるとそれぞれのことばの中の音を聞き分けるのに時間がかかるし、
意味を追っていくのに気をとられて、ちょっとしたことばを聞き落としてしまうの。

新しいことばを使うときには、くり返しをたくさん使い、いろんな場面で何度も聞かせてあげてね。
犬だよ、い・ぬ。
のみだと…
＝いぬ
それに加えて
犬が食べているね。
犬が暑がっているね。
犬を追いかけているね。
いろんなパターンをきくと…
ハッハッ
＝いぬ
語りが豊かになるでしょ
身ぶりを使って言いたいことを見せるのもポイントよ。
引き出しを開けて
えんぴつをしまいましょう
「聞くことは楽しい」をいっぱい経験させてあげるのも大事なのよね。
ええ。

わらべ歌を歌う。
楽器を鳴らす。
手作りしてもいいわね!
音楽に合わせて踊る。
絵本を読むときも絵にピッタリの音を添えてあげて。
ニャニャ
いつか耳に聞こえる音と書かれたものを結びつけるときにとても役立つわ。
粘土や水遊びもオススメ。
擬音を使うチャンスよ。
ギュッギュッ
ばしゃばしゃ
粘土か…部屋が汚れそうだけどももかのためだ!やってみよう。

子どもがことばを間違ったときは指摘せず、「そうね」で始めて正しい音を聞かせてね。
ビット
そうね ビスケットね
おいしい ビスケット
お茶のときの ビスケット
ビスケットが 好き
短い文の中にとりいれて何度も言うといいわ。
無理やりまねさせたり、試すような質問をしたりするのはNGよ。
ビスケットよ
言ってごらん
しゃべることも楽しい!って思うようにしてあげてね。
そうか。楽しいって思った方がたくさんしゃべりたくなりますもんね。
ええ
今日はありがとうございました。
バイバイ。
おっ

「語りかけ育児」の時間以外には
日課を崩さないようにする。
今日はおさんぽに行ったね
子どもに日課やその日のできごとについてたくさん話しかける。
毎日いっしょに本を見る。
おじいちゃんから荷物が届いたよ
やさい
そうだねお野菜いっぱい送ってくれたね
何が起きているか子どもに説明できるときは、いつでも子どもを会話に加える。
「こういう子にしたい！」って過干渉になってしまう気持ちはよくわかるけど、
この時間は子どもを主役にしてあげてね。

1歳8か月から2歳までの遊び

急速に知識が広がり、手先も器用になります。
集中する時間が長くなるので、細かい操作のおもちゃも楽しめるようになります。

容器にどぼどぼ

入れ物から入れ物へ水をつぐのが大好きです。水遊び用のいろいろな容器を用意しましょう。大きめのペットボトルを半分に切り、安全のため、切り口にビニールテープを貼っておきます。上半分はじょうごに、下半分は容器になります。水だけでなく、ストローを細かく切ったものや、大豆や大きなボタンなどを入れて容器に移す遊びも楽しめます。

お砂場工事中

公園での砂遊びも、ただ砂をさわっているのではなく、おもちゃを使った遊びに進化します。シャベルやコップのほかに、砂場用のおもちゃのトラックや手押し車を用意してあげましょう。大人がやり方を見せてあげれば、砂をすくっては車に積んで運ぶのが好きになります。ほかの子どもたちと一緒に遊ぶことはまだできませんが、そばで遊ぶことはするでしょう。

ままごとあそび

この月齢の子どものお気に入りは、大人の「お手伝い」をして、同じことを遊びでやってみることです。大人がやることをじっと観察し、後でまねをします。包丁やまな板、アイロンやアイロン台のような大人が使っている道具のおもちゃは大好きです。ふつう、野菜を切るとか、鍋ににんじんを入れるなどひとつの動作だけをまねしますが、一連の流れになるのはまだ先です。

そのほか楽しめること

- ・ボール投げ
- ・動きのついたわらべ歌
- ・穴の開いた大きなビーズを、ひもに通す遊び
- ・粘土遊び
- ・簡単なジグソーパズル
- ・連結ブロックのように作り上げるおもちゃ

オススメおもちゃ

〈探索遊び用〉

- ・水をしぼり出せるボトルなど、水遊び用のいろいろな容器
- ・粘土用ののし棒やプラスチックのヘラなど
- ・砂場用のおもちゃのトラックや手押し車
- ・大きな穴あきビーズとひも
- ・マトリョーシカ人形や入れ子の箱
- ・大きな絵合わせ
- ・色合わせゲーム
- ・大きな連結ブロック
- ・新しい音を出すおもちゃ、楽器、めずらしい音を出す容器など
- ・びっくり箱や飛び出すおもちゃ

〈ふり遊び用〉

- ・買い物袋
- ・身近な生活用品のおもちゃ
- ・食器洗い用のスポンジやたわし
- ・動物と動物園の模型
- ・動物と農場の模型
- ・ガレージといろいろな乗り物のおもちゃ
- ・ドールハウスと家具

本

- ・毎日子どもと一緒に絵本を見る習慣をつくる
- ・乗り物や動物についての本
- ・現実味があるもの
- ・大人がたくさん擬声語や擬態語を付け加えられるもの
- ・まだファンタジーは受け止められない

テレビ

- ・子どもが学ぼうとしている、現実世界にかかわるものを選び、一緒に見る。1日30分まで。

かんしゃくがひどくって悩んでいるの。
お疲れのようね。
ごめんね、急に来てもらって。
いいのよ。今日は夫が子どもたちを見ててくれてるから。
うちも下の子を夫に預けた。
そしたらゆっくり話せるわね。
今はるくんいくつだっけ?
2歳3か月になったとこ。
ブーン

叱っても言うことを聞かないし、
ご近所でも注意されることが多くて。
私の育て方が悪いのかなって落ち込むわ…
母親失格だわ
そんなことないわ。
この時期の子は自分を「独立した人間」だと思うようになるから…
大人が「ダメ」とか「○○しなさい」と言うのを、
自分のやりたいことをじゃまされてやりたくないことを押しつけられてるように感じるのよ。
BOX
親はみんな悩む年代だから、「魔の2歳児」なのよね。
魔の2歳児
よく聞くけどどうしたらいいの……？

どうして ダメなのか 説明して 納得させれば かんしゃくは 起こらなく なるわよ。
どうしても 必要なとき以外 「ダメ」と 言わないのが 一番だけど…
それが うまく いかないのよ… 説明しても ヤダヤダの 一点張りで。
もしかして 説明を理解 できて ないのかも しれないわね。
ギクッ
実はうちの子 ことばも 遅いって 言われてて。
弟のあきくんは そろそろ 1歳だっけ。
年子なの
そう。
下の子の世話が 大変で、 なかなか 上の子に手が まわらなくて。
そう よね…
実は2歳の この時期が ことばと 心の発達で いちばん大切な 時期なの。
言語指導を 受ける数は この年齢が 最も多いと 言われているわ

だから、なんとか30分、
弟くんを誰かにあずけて、
誰にも邪魔されない静かな環境で、
一対一で話す時間を作ってみて。
愛する大人が自分にかかり切りになってくれると感じると、
子どもは自信を持つわ。
そうでなければ、愛情を得ようとするストレスを感じ、
多くの場合、わがままになってしまうの。
はるもきっとそれだわ…
子どもの注意が新たな段階に進んでいこうとしている時期よ。
大人がそのことに気づいて、
手助けの方法を考えれば、大きく成長するわ。
そのための一対一の時間ね！

じゃあ、まず環境作りから。
おもちゃは、子どもが
探し回って気を散らさないよう、
すぐ手に届くように、いつも同じ場所に置く。
遊べる場所がたっぷりとれるよう、
床や机の上は空きスペースを確保。
ごっこ遊びとか結構場所をとるもんね。
ひと晩そのままにしておくこともあるかもね。
無理に片づけさせなくていいのか。
それじゃ試しにやってみるね。
はる、ホラホラ積み木だよ。
積んでみよっか。

ちょっと待った〜！
語りかけ育児の時間は、子どもが主役よ。
子どもが何に注目しているかよく見てね。
えっ私指示してた？
うっわ、無意識だわ。
子どもが言うことを聞けるようになると、
つい、あれこれさせたくなっちゃうわよね。
でもここでは
親子で「同じものに注意を向ける」のがとても大切なの。
この同じものに注意を向けることが、
のちのちコミュニケーションをとり、
社会生活への参加のしかたを学ぶ上で、
いちばん大切な準備よ。

この年齢で、他人と同じ物に注意を向けられるかどうかによって、
4、5歳になってから、他人の考えや感情をわかるようになるかどうか、心のふれあいができるかどうかが決まるんじゃないかって研究者の間で言われているの。
ちらっ
おっ
やってみていい？
どうぞどうぞ。
そうね、積み木。四角い積み木。はいどうぞ。
積み木がひとーつふたーつみっつ…
ぐら〜
ぐらぐらぐら。あれれれ、ひっくりかえった！

ゴリリ。
ゴリリじゃないで…
またまちがえてる…
まあまあ
そう、これはゴリラ。
ゴリラは大きい。
大きなゴリラ。
へっくしゅん
へっくしゅん
へっくしゅん
はるくんくっしゅん♪
ゴリラもくっしゅん♪
おばちゃんもくっしゅん♪
びっくりだわ。はるがかんしゃくを起こさず遊んでる…。
はるくんのやりたいことに合わせてるからね。

あれれれ
ひっくりかえっただ
新しいことばや身ぶりを交え、その瞬間に起きていることにピッタリしたことを言って、意図をはっきり伝えてね。
へっくしゅん
へっくしゅん
へっくしゅん
せきやくしゃみのまねのおふざけも喜ぶわ。
くり返しや動きのあるわらべ歌が向いているの。
子どもの物語を替え歌にするといいわね。
はるくんくっしゅん♪
ゴリラもくっしゅん♪
おばちゃんもくっしゅん♪
こうした歌はことばの響きに気づき、
音がどう組み合わさってるか理解するのに役に立つの。
あとで読書にも役立つわ
なるほどね。頑張ってみるわ!
いろいろとありがとう。

「語りかけ育児」の時間以外には

2歳から2歳5か月までの遊び

遊び道具を探索し、それで何ができるか考えます。
ふり遊びは真のごっこ遊びになり、遊びを広げる大人の提案を歓迎します。

ドールハウス

ごっこ遊びは、見たことを再現するだけでなく、それらを組み合わせて物語を作り上げるもので、この時期に現れてきます。見たことだけでなく、想像上のできごとを演じ始めるのです。人形とドールハウスがあれば、いろいろな違う役割をやってみて、長い時間楽しめます。遊びの組立がこったものになってきて、人形などを一晩そのままにして欲しいということもあるかも知れません。

お店屋さんごっこ

八百屋さんやおもちゃ屋さんなどのお店をつくり、店員さんやお客さんなど役割を交代して遊ぶのがじょうずになってきます。自分が違う人になったつもりで演じることで、その人の気持ちをわかるようになるのです。一連のストーリーまで仕上げるのは難しくても、イメージを持って遊べるようになります。「おいしい」「かたい」といった形容詞を学ぶ、よい機会にもなります。

簡単パズル

簡単なジグソーパズルなら、完成できるようになる時期です。最初は手作りパズルでも十分楽しめます。雑誌やチラシから、子どもが好きな食べ物や車など、大きめでわかりやすい絵や写真を切り取り、厚紙に貼って、縦、横、斜めなどにカットします。初めは2つ、上手に合わせられるようになったら、切片数を増やしていきましょう。

そのほか楽しめること

・大きなボールをけったり受けとめる
・三輪車をこぐ
・同じものどうしを集めたり、分類したりする
・ぬいぐるみや人形に、役割を演じさせる

オススメおもちゃ

〈探索遊び用〉
・いろいろなサイズと色の紙
・絵の具と筆
・チョーク
・三輪車
・かるた
・パズル

〈ごっこ遊び用〉
・おもちゃのレジスターとお金
・いろいろなままごと道具
・園芸や家事用品のおもちゃ

本

・お話は少し長いものでも大丈夫
・実物そっくりのはっきりした絵がいい
・いくつかの本に出てくる、決まった登場人物を好むようになる
・写真をもとに子どもが登場する、自作のお話
・物語の文は3語文程度のものがいい

テレビ

・1日30分まで。ファンタジーは避ける。おなじみの登場人物が、自分と同じようなことをするのが大好き。わらべ歌と音楽、ユーモア、ドタバタ劇も気に入る。

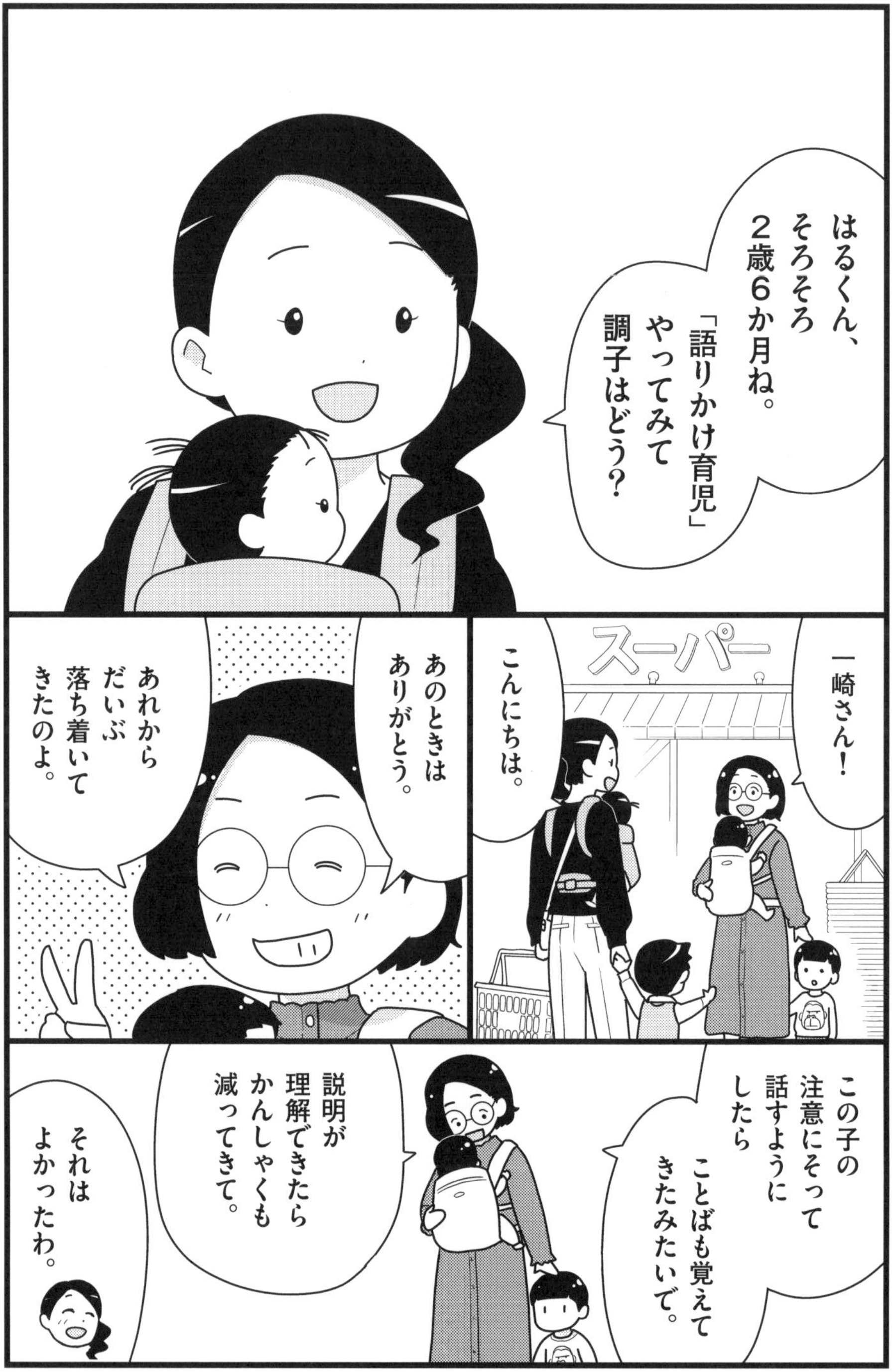
はるくん、そろそろ2歳6か月ね。「語りかけ育児」やってみて調子はどう？
一崎さん！
スーパー
こんにちは。
あのときはありがとう。
あれからだいぶ落ち着いてきたのよ。
この子の注意にそって話すようにしたら
ことばも覚えてきたみたいで。
説明が理解できたらかんしゃくも減ってきて。
それはよかったわ。

1日30分の時間は作れてる？
ふたりっきりの時間
静かな環境で
ええ。
最近は夫が同じ時間に、下の子に「語りかけ育児」やってるの。
効率的でしょ
それはいいわね。
そうやって確実に大人が相手してくれる時間が大事なの。
ほめたり励ましたりして自信をつけさせていくことで
子どもの情緒的な発達は促《うなが》されるのよ。
なるほどね。
弟ができて感じてたさみしさがいやされたか。

普段は忙しくてこの子の「なぜ、どうして?」にいちいち構ってらんないけど、
なんでなんで
どーしてなんでー
この時間なら満足するまで答えてあげられるしね。
ええ。
下の子も少しずつしゃべれるようになって
よく男3人でモゴモゴ話してるよ。
男子会
あら楽しそう!
パパと弟くんとはるくんの3方向の会話はことばの大切な能力を育てるわ。
いずれ一対一じゃなく競いながらコミュニケーションすることを学ばなきゃならないしね。
きょうだいがいる利点があった!
順調そうでよかったわ。
いや、それが。

時々
できることを
できないと
言ったりして
イラッと
させるのよね。
ついキツ〜く叱ってしまいそうになるわ。
そういう年齢なのよね。
もし注意したり叱ったりしなきゃならないときは、
「あなたはいけない子!」と子ども自身を叱るのではなく、
「そんなことをするのはいけないこと」と、
行動を叱るといいわよ。
なるほど。
「語りかけ育児」の時間に、
やっていいこととダメなことを
あらかじめ話し合っておくのもいいわね。
親のストレスも軽くなるしね
そんな活用方法が!

ついでにこの時間にお勉強なんかもできちゃったりしないかしら。
実はまわりを見ると、もうひらがなを読んだり、
色や形の名前を言ったりする子がいて。
焦るわ〜
いいのよ。そういうことばは無理矢理教え込むより、
子どもの注意しているものに従って自然な会話でとりこんであげて。
あおいクルマときいろいクルマ
長い積み木は短い積み木の横にピッタリ
おもしろければすんなり学べるのよ。
遊びの中で覚えてくれたらむしろ合理的だわ。
たしかに
大人との自然な会話から学ぶことはとても多いわ。
話の内容にコメントしたり、質問したり確かめたりすれば…

他の人が何を知っているのか、
その人が会話に加わるには何を教えてあげるべきかも
わかるようになるしね。
そんなに成長するんだ！
そういや最近遊びがマンネリ化してるのよね。
何かおすすめはある？
そろそろ探索遊びを
充実させてあげたらいいんじゃないかしら。
いろんな紙にお絵かき
水遊び
砂遊び
粘土
粘土遊び
自分で探索して遊べるような材料を用意するのね。
ええ。
そしてこんなこともできるのよと、
大人がやって見せてあげて。

紙を折ったり
折って切ったり
黒い紙に白いクレヨンで描いたり
こった積み木の積み方をしたり
手や足をなぞったり
やってみせたら手をひいて、子どもにやらせてね。
うちの子できるかしら?
助けてほしかったら、子どもから言ってくるわよ。
ごっこ遊びも手助けできるわ。
今まで経験したことに関係する役を大人がやってみせ、役割を交代したりして世界を広げてあげるの。
歯医者さんとか床屋さんとか衣装も用意してあげてね!
遊んでいる中で、空想上の人物を作り出すかも。
イマジナリーフレンドってやつ
エア友達ね。はるにもいるわ。

最近友達の
ジャックは
元気？
ジャックは
おうち。
あ、そう。
外国人なのね
いいわね。
三田さんみたいに
そうやって
大人がつき合えば、
その人物像を
広げていくことが
できるわ。
そしてそれが
どんな行動を
するのかを
聞くのは
本当に
面白いわよね。
でもまだ
集中力がなくて。
話をしてても、
すぐ別のこと
話し出しちゃう。
「ジャックはその後
どうなったの？」って
言っても、
聞く耳持たず。
全然気にする
ことはないわ。
まだまだ
ひとつの
ことしか
考えられない
もの。
とは言え
この時期は
会話もだんだん
楽になって
話題も広がる
わよね。

やったこと だけではなく、 なぜ そうしたのか、 そのとき どう思ったのか、 といった内容も 入ってきて…
確かに 話す内容は 増えたなぁ。
いっつも アホなこと 言ってるけど。
ただ 恥ずかしい話、 たまに 変な話し方を するのよね。
おおきな えんとちゅ
ちゅ⁉
大丈夫よ。
舌と唇が まだうまく 協調して 動かないから、 難しい発音が できないの。
音の違いと 順番が わかるように、 短い文の中で、 はっきり発音して 聞かせてあげれば
おおきな えんとちゅ
そうね 大きいわね
とても大きな えんとつ
えんとつは お空に届きそう
☆「そうね」で 始める鉄則は 忘れずに。
そのうち、ちゃんと 話せるように なるわ。

発音のシステムがすべて完成するには7歳までかかるって言われているし。
結構先なんだ。
やっぱり短い文がいいのね。
空に届きそうなぐらいとても大きなえんとつだねー とか
つい長く喋りたくなっちゃうけど。
ええ。
理解力をいちばん早く伸ばすには、
一文中に大切なことばは3語までって言われてるわ。
動詞の活用の変化に気づかせるためにも、
やっぱり短い文が最適なの。
動詞の活用！そんなことまでできるようになるのね。
言いたいことを言って返してあげたり、
言ったことをおもしろくふくらませてあげたりして
ピエロがおかしなぼうしをかぶってた
そうねてっぺんにボンボンがついていたわ
ボンボンがゆれるとみんな笑ったわね
会話を楽しんでね。

そして、いつでも聞くことを楽しめるように
聞くこと、とくに声を楽しめる機会をたくさん持つのがオススメよ。
くり返しのリズムや動きのあるわらべ歌、だじゃれなどがはいったことば遊び歌を歌う。
せき、くしゃみのまねをしてふざける。
へっくしゅっ
びっくりする、怖がるなどのおおげさな表現をしてみる。
わあっ
ゆっくり大きな声でいろいろな調子をつける。
遊びの音も続けてね。
ダッダッダッ
ブッブー
「語りかけ育児」のおかげでスムーズにいくことも増えて助かってるわ。
それはよかったわ！ぜひ楽しんで続けてね。

「語りかけ育児」の時間以外には

子どもができることは、なるべく自分でやらせる。
子どもがイライラしないよう、手助けできるくらいそばにいよう。
なぜそうしなければならないか、してはいけないかを説明する。
料理や掃除といった家事を、できるだけ見せる。
公園の大きな遊具で遊ばせる。
ほかの子のそばで遊ばせる。
毎日の暮らしを通して今、何がどうなっているのかを話して聞かせる。
理容室や歯医者さんに行ったあとなど、経験したことを再現してみる機会を与える。

2歳6か月から3歳までの遊び

よい材料を与え、いろいろなやり方を教えたり、さまざまな経験を
積ませたりすることで、遊びが豊かになり、たくさんのことを学んでいきます。

この絵はだぁれ?

からだをコントロールできるようになり、いろいろな道具で遊ぶことができます。鉛筆、クレヨン、チョーク、絵の具といったお絵かき道具も、さらに上手に扱えるようになります。いたずら書きも大好きで、何を描いたか説明してくれるでしょう。ぐちゃぐちゃの線が、線路だったりします。丸が頭で2本線が足のつもりで、初めて人物を描こうとするのもこの時期です。

なりきり遊び

ふり遊びやごっこ遊びは、役割も広がって本当に豊かになります。いろいろな人になってみるのが楽しいので、服装まで変えて本当にそれらしくします。お母さんになったつもりでハイヒールを履いてみますし、消防士や看護師などの格好に大喜びをします。ごっこ遊びの道具は、それほど本物らしくなくてもかまいません。ロープがホースになったりするのです。

すべり台遊び

両足を互い違いに出して階段を上り、後ずさりや横歩きもできるようになります。公園のブランコやすべり台といった、大きな遊具で活発に遊びますが、大人が見守っている必要があります。ほかの子どもたちにだんだん興味を持ち始めて、少しずつ一緒に遊び出すでしょう。すべり台の順番を待つといった、ルールにも気づき始めます。

そのほか楽しめること

- 水におもちゃのボートを浮かべたり、砂に車用の道を作ったりする
- 大きな連結ブロックなどを道や家にしたり、いろいろな使い方をする
- 大人のすることをじっと観察し、正確にまねて長く遊ぶ
- 人形やぬいぐるみを使った長いストーリーの遊び

オススメおもちゃ

〈探索遊び用〉

- 小さなボール
- 小さな積み木
- 粘土用のローラーとへら
- 戸外の大きな遊具
- 組み木やブロック

〈ごっこ遊び用〉

- 水遊び用の船のおもちゃ
- ドールハウスと人形
- ガレージと車
- 砂場遊びで使う乗り物や人形
- 農場と動物の模型
- 飛行場と飛行機の模型
- お姫様ごっこで着飾れる服
- 大人のくつや服
- 運転手と乗客のいる汽車とトラック
- クレーンのおもちゃ
- 大小の指人形

本

- 同じ絵本をくり返し見るので、新しく加える必要はない
- 子どもが自分からお話について話し始めたら、登場人物やできごとについて子どもの経験をからめて話す
- 本を親子で一緒に楽しむことで、本はどういう約束ごとのもとに成り立っているかを知っていく
- 日常で経験したことを描いた本が好き
- 興味を持っている物の大きさや数、色がたくさん出てくる本も、楽しめる
- 現実と空想の区別をつけて、ファンタジーも楽しめる
- 空想のできごとを怖がらないように気をつける

テレビ

- 1日30分まで。本を選ぶのと同じ基準で番組を選び、なるべく一緒に見て話題にする

「語りかけ育児」最後の時期！
今後の参考のために聞きに来ました！
いらっしゃい。
カズくんもう4歳よね。
3歳から4歳はどんなことをしてたの？
この時期はほかの子どもと遊ぶことが中心になってくるのよ。
保育園でいろんなことを学んできてた。
それでも30分のふたりだけの時間はかわらず大事にしたわ。

ふたりだけで静かなところであれば、
もういろんなことができるようになってね。
散歩に行くこともあれば、
家の中で、絵の具や粘土で創作遊びをしたり、
いっしょに料理をしたり。
ふたりの時間で、やってはいけないこと、
やってほしいことを話し合うことも。
お互いのイライラを解消！
へー
理想的な関係ね。
数やひらがななんかのお勉強も
この時間にそろそろしちゃったり？
ううん。やっぱり私からは何も強制しないわ。
「語りかけ育児」はあくまで子どもが主役だから。
あらぐるぐるまわっている
押すとまわるのね
子どもに合わせて「実況放送」！
それは最終段階でも同じなんだ！

数やひらがなを早く教えたくなっちゃうけど、無理に教え込もうとするのは逆効果よ。
それよりも子どもが手にとる本や会話の中で、そのことに興味を持っているなあというサインをキャッチしたときにさっと教えてあげるの。
なんてよむの
「ねこがあるいてる」
これは「ね」
これは「こ」よ
その方がびっくりするくらいたくさんのことを吸収してくれるんだから。
サインを見逃さないことが重要なのか。
新しいことばもどんどん覚えるから、積極的に。
これはオランウータンよ。
オランウータンは、さるの仲間よ。
オランウータンはとてもやさしい顔をしているわね。
いくつかの文の中で使ってみせると理解しやすくなるわね。

この時期になれば文の長さはもう気にしなくていいわ。
気軽にどんどんおしゃべりしてね。
それは助かる。
ね
子どもが言ったことに、少し情報をつけて返してあげてもいいのよね？
もちろんよ！どんどん話してみて。
公園行ったね！
そうね、行ったね。
そしたらお友だちのハナコちゃんが、ころんで鼻をぶつけちゃったね。
かわいそうなハナコちゃん。
本当にどーんとぶつけちゃったね。
質問されたときも、興味が続いている限り、
同じように付け加えて説明していくといいわ。
ハナコちゃんはぶじだったのかしら
会話が広がっていい感じね。

子どもが言い間違えたときには、まだまだ「違う」と否定せずに、「そうね」と始めて、はっきりと正しい言い方を返してあげて。
ロモレール乗ったね
そうね モーレールに乗ったわね
自然な会話でね。くり返しもグッドよ。
絵や工作がたくさんあるのね。これ全部カズくんが作ったの？
そうよ。
この時期は新しい体験や刺激に注意を向けて、それが何かを探る「探索遊び」が中心！
お絵かき道具も、今まではクレヨンが中心だったけど、フェルトペンやスポンジなんかも使ってみたり。
いろんなお絵かき道具を試してみよう!!
絵の具に糊を混ぜたり、小枝やくし、歯ブラシを使ってみたり。

新しい材料を試すのはおもしろそうね。
ええ。ぜひ大人もやってみて。
ほかにもこんなのがあるわ。
プラスチック粘土をいろいろな形に押しつけて、形を作る。
100均にも売ってるよ
木の皮や別の材料の上に紙をあてて上からクレヨンでこすり、こすり出しを作る。
雑誌から写真を切り抜いてスクラップブックを作る。
ティッシュペーパーをちぎってくしゃくしゃにしたものを色紙に貼り付けてコラージュ。
いろいろな材料をどう使うのかを親がやってみせて、うまく使えるようちょっと手伝うの。
楽しく遊ぶヒントを与えてあげればいいの？

ええ！ ふたりで実験や創造的な遊びを楽しみながらたくさん会話して、
たくさんことばを聞かせてあげてね。
例えば木肌をこするとき。
「破片」「はげやすい」「浮き出る」「突き出る」「浮き彫り」
とか、普段使わないことばも使えたりするわ。
だんだんこっちの語《ご》彙《い》力《りょく》も試されてきている…
親も鍛《きた》えられるわね。
そして子どもがすでにできることを伸ばしてあげるの。
はさみがじょうずに使えるなら、
形を切り抜かせてみるとかね。
あぶないからって、さわらせないのはダメなのね。
どんどんチャレンジさせてあげて！

感心したり
ほめたりすると、
驚くほど自信を
つけるわよ。
作品を壁に掛けたり、棚に並べたりすると効果テキメン!
げげっ、
私ほぼ
捨ててるわ。
なんじゃこりゃ
三田さんさっさと片づけちゃうもんね…
ほかにも、
・オセロ
・すごろく
・トランプ
・簡単なボードゲーム
・カードゲーム
ルールを説明して
などで
遊んでも
いいわね。
ごっこ遊びも
複雑になって
いきそうね。
ええ。
手助けする
道具を用意して
おくといいわよ。
ママのお古のスカートで
おひめさま〜
ゆうびんでーす
はーい
ダンボールでおうち
ホースをまくよー
ぐるぐる
消防士ごっこ
遊びをふくらます
提案をして
いっしょに
遊べるといいわね。

ただし遊びをのっとらないこと。
子どもの遊びに干渉しすぎる親は、成長を遅らせるというアメリカの研究結果もあるわ。
げっ うちの夫ヒーローごっこでよく演技指導してるわ…
ポーズはこう
厳重注意だわ
やりそー
それから最後に、聞くことがすごく楽しいと思う経験もまだまだたくさん必要よ。
音楽に合わせて歌ったり踊ったり手拍子をうったり。
本の読み聞かせも続けて。
ジグザグ
グルグル
自分たちの動きにも楽しい音をつけたりね。
ぱちぱち
この歳にはいろいろできるようになるのね。
成長するんだなぁ。
「語りかけ育児」最後の仕上げの30分。ぜひ楽しんでね！

「語りかけ育児」の時間以外には

子どもに遊べる時間と場所を与える。
やりたいときにはたくさん自分でやらせる。
子どもの注意レベルに気をつける。
できるなら、たくさん外で遊ばせる。
ほかの子と遊ぶ機会をたくさん作る。
自然に親しませ、新しいことをたくさん発見させる。

3歳から4歳までの遊び

遊びは協力して行う社会的活動になります。友達と遊ぶのを喜び、それぞれの好みも出てきます。創造性もより豊かになるでしょう。

シェフごっこ

庭仕事や料理といった実際の仕事を、遊びに取り入れると大喜びします。料理は、バナナの皮むきやゆで卵の殻をむくことから始め、クッキーの型抜き、コロッケやハンバーグの形作りなどを一緒にやってみましょう。「○個作ろう」など、数遊びの要素を入れることもできます。「おいしい!」「片づいたね」とほめてあげることで、家族の中の役割意識も育ちます。

カルタ取り

簡単なトランプ遊びやカルタ取り、すごろく、数合わせのようなカードゲーム、盤ゲームなど、みんなで遊ぶゲームも楽しめるようになります。絵カルタは、字が読めなくても絵で取れますし、カードをつまみ上げたりめくったりすることで、指先の器用さも育ちます。こうした遊びからルールを学ぶことに興味を持ち、守ろうとすることで、社会性も養われるのです。

工作遊び

創造的な遊びがいよいよ盛んになります。さまざまな材料を使って、いろいろな創作活動ができるように。いままでと違った材料を使うことに興味を持ち、びんや牛乳パック、空き箱などを使って、車や船、お城など立派な建築物を作ります。のり、セロハンテープ、はさみなどを使いながら、手の操作を総動員できる遊びです。作る過程の工夫を大事にしましょう。

そのほか楽しめること

- 三輪車に乗る
- 走る、跳ぶ
- ボールをける
- 粘土でままごとの食べ物や、動物の家を作り、何かを押しつけて型を取る
- イモ判や貼り合わせ（コラージュ）、石ずりなど
- 連結ブロックでより複雑な形を作る
- 花や虫など自然に興味を持つ

オススメおもちゃ

〈探索遊びと創作遊び用〉
- 工作用粘土
- びん、びん洗い、くつひもといったがらくた
- 苗と球根
- 小鳥のえさ台
- 戸外用の大きな箱
- 筒、箱、あきびん
- 絵の具やフェルトペン
- お絵かき用スポンジ
- 版画用スタンプなど
- ティッシュペーパー
- 難しいパズル

〈ごっこ遊び用〉
- 長い物語に使える本物に似せた人形
- おもちゃの小屋
- 砂遊び用の模型の家や人
- 消防士や医者などの衣装
- 木馬
- 農場や動物園の模型
- 床に置く地図

〈社会的な遊び用〉
- すごろくなどの盤ゲーム
- カードゲーム
- ボウリングゲーム

本

- 本選びには、子どもの好みが強く出る
- 日常生活に結びついた話に加え、空想的な物語も楽しめる
- 怖い話を読むときは、大人の助けがいる
- 活字にも興味を持ち始め、特定の文字が特定の音を表す、と気づく
- 毎日一緒に本を見ることを続けるのが大切

テレビ

- 1日1時間が限度。一緒に見て質問に答えてやるテレビはよい情報源で、学習や楽しみの材料、空想の糧にもなる。

3年後
なんだかあっという間に大きくなっちゃうわね。
そうね
うちのはるがもう年長組だもん。
幼稚園入園前は不安でいっぱいそうだったけどね。
また一崎さんにアドバイスもらって、一緒に見学へ行ったり、夫と3人で幼稚園のこと話したりしてたら安心したみたいで。

今ではすっかり馴染《なじ》んで集団生活をエンジョイしてる。
これも語りかけ育児のおかげね。
ワィワィ
それは何よりよ。
めいちゃんは保育園でどう？
ぐいぐいリーダーシップをとってるみたいよ。
やっぱりしゃべれるって強いらしくって。
先生とも、「もっと遊ばせてほしい」とか「給食のおかずを増やしてほしい」とか交渉してるみたい…
たのもしいわね！
にひひ
三田さんはもうすぐ次の子がスタートするわね。
ふふふ、実はもう「語りかけ育児」始めてたりして。

二宮さんと一崎さんよ～
おおっ習得してる！
私もふたりめはスタートが早かったから、
1歳でもうほぼ会話ができるようになって、楽よ。
弟もあれからつめこみ英才教育をやめて、ゆったり子育てに切り替えたんだけど、
お受験して私立の幼稚園に受かったって去年連絡が来てたわ。
それはおめでとう！
まだまだ全然子育ては終わらないけど、楽しんで育てていけるといいわよね。
そうだねー。がんばろー！

ママー！いっしょに遊ぼう！
はーい。
のぼるくんも行く？
こくっ
よーし！どーんとした砂の山作っちゃおうかな！
お砂ざくざく！行きましょう！
おしまい

4歳以降の遊び

多くの子どもたちが幼稚園などの集団保育へ参加し始めます。
「語りかけ育児」で養われた力があれば、集団の遊びにも楽しく加われます。

あやとり・折り紙

目と指先の細やかな協調動作が行えるようになり、字を書き出す子もいるでしょう。あやとりや折り紙は、指先を動かす練習になる遊びで、ひもの形や、紙の角、折り目を注意深く見る力も育ちます。できあがりをイメージしながら、ていねいに作る過程では、集中力と継続力も育ちます。外で遊べない雨の日などに、親子で取り組んでみましょう。

自転車

からだの動きを自由にコントロールできるようになり、補助輪付きの自転車も乗りこなすようになります。6歳前後になったら、自転車の補助輪をはずして乗る練習を始めましょう。両足が地面に付くようサドルを下げ、両足で地面を蹴って走り、スピードにのってバランスがとれるようになったら、ペダルに足をのせてこぐ練習をするとスムーズです。

本

・毎日一緒に本を読む
・本の好みがはっきりする
・図書館の本を選ぶのは、子どもにまかせる

テレビ

・1日1時間に制限。一緒に見て質問に答え、わからないことを説明してやり、今見たことを話題にすると、得るものが多い。

そのほか楽しめること

・積み木などの材料を使った創造的な遊び
・本やテレビ番組で見た物語を演じる
・料理や片づけといった家事やプールや公園、図書館などでたくさんの経験をする

サリー・ウォード✤著

イギリスの言語治療士の第一人者。国営医療サービス事務所で言語障害児を担当する言語治療士のチーフ。言語治療士としての20年間の研究から考えられた『語りかけ育児』(Baby Talk program)が、乳幼児の心と知能を無理なく伸ばし、コミュニケーション能力を育てる21世紀の新しい知育方法としてイギリスを始め世界各国で注目を集める。2002年6月急逝。

中川信子✤監修

言語聴覚士。「子どもの発達支援を考えるSTの会」代表。東京大学教育学部教育心理学科卒業。国立聴力言語障害センター附属聴能言語専門職員養成所卒業。旭出学園教育研究所、神奈川県総合リハビリテーションセンター、調布市あゆみ学園などを経て、ことばが遅い・発音がはっきりしないなどの子どもの相談・指導などにあたる。著書に『はじめて出会う育児の百科』(小学館・共同監修)、『ことばをはぐくむ』(ぶどう社)、『子どものこころとことばの育ち』(大月書店)など。

一色美穂✤漫画

1982年、長野県生まれ。まんが家。多摩美術大学卒。代表作品に『さえずり高校OK部』『漫画家と税金』(小学館)『漫画でわかる自律神経の整え方』(イースト・プレス)など。
Twitter:@issikimiho

デザイン✤アルビレオ
文✤田所佐月
編集✤片山土布
制作✤太田真由美
販売✤大下英則
宣伝✤野中千織

コミック版 1日30分間
0~4歳 わが子の発達に合わせた
「語りかけ」育児

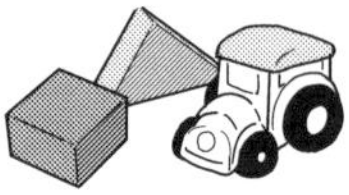

2020年3月3日　初版第1刷発行
2024年9月30日　　第5刷発行

著　サリー・ウォード
監修　中川信子
まんが　一色美穂

発行人　石川和男
発行所　株式会社小学館
〒101-8001 東京都千代田区一ツ橋2-3-1
編集 03-3230-5446　販売 03-5281-3555

印刷　TOPPAN株式会社
製本　牧製本印刷株式会社

ISBN 978-4-09-311423-3